© Inga Boye

Der Autor FRANK HARTMANN, geb. 1964, hat an der Evangelischen Fachhochschule Hannover Religionspädagogik studiert. Er arbeitete als Gemeindediakon und Leiter einer Kita, ehe er sich 2009 für einen anderen Weg entschied. Seit 2010 schreibt er als freiberuflicher Autor u. a. Kindergeschichten und Gedichte.

Die Illustratorin STEFANIE SCHARNBERG, geb. 1967 in Hamburg, machte zunächst eine Ausbildung zur Buchhändlerin, ehe sie in Florenz Malerei studierte. Heute lebt sie als freischaffende Illustratorin mit ihrer Familie in Freiburg.

© Privat

© Verlag Herder GmbH, Freiburg im Breisgau 2016
Alle Rechte vorbehalten
www.herder.de

Covergestaltung: Uwe Stohrer Werbung, Freiburg
Layout und Satz: Veronika Preisler, München
Druck: Graspo, Zlin
Gedruckt auf umweltfreundlichem, chlorfrei gebleichtem Papier
Printed in the Czech Republic

ISBN 978-3-451-71354-5

Frank Hartmann

Meine Bibel
in Erzählbildern

Mit Illustrationen
von Stefanie Scharnberg

HERDER

FREIBURG · BASEL · WIEN

Inhaltsverzeichnis

Die Erschaffung der Welt

Genesis 1,1–2,4a

Ganz am Anfang, bevor alles gemacht wurde – alles, was es heute gibt –, gab es überhaupt nichts. Keine Pflanzen, keine Tiere und natürlich auch keine Menschen. Und ohne Menschen gab es nichts von dem, was Menschen gemacht haben: Häuser, Autos oder Bücher. Es gab auch keine Steine und keine Berge, kein Wasser und kein Meer, keinen Himmel und keine Erde, keine Sterne, keine Sonne und keinen Mond – es gab nicht einmal Licht und Luft. Nichts! Sich das Nichts vorzustellen – also das Garnichts – ist nicht einfach. Das Garnichts ist nämlich noch weniger als Stille, Leere und Kälte, weil es ja nicht einmal das gibt. Es ist noch weniger als Schwarz, denn Schwarz ist ja auch etwas, nämlich eine Farbe. Aber das Garnichts hat keine Farbe, auch keinen Geruch und keinen Geschmack. In diesem großen Garnichts gab es nur Gott. Auch Gott ist schwer vorstellbar. Seit es die Menschen gibt, fragen sie sich, wie Gott ist. Gott ist ein großes Geheimnis, das man nur mit dem Herzen spüren kann. Gott ist der Erfinder des Lebens und der Liebe, Gott ist unendlich und ewig – und noch vieles mehr. Und dieser Gott hat aus dem Nichts die Welt geschaffen. Die Bibel kennt zwei unterschiedliche Schöpfungsgeschichten, dies ist eine davon:

Zuerst hat Gott aus dem Nichts das Weltall erschaffen. Mitten in das riesige, kalte und leere Weltall hat Gott dann eine große, feste Kugel gesetzt, unsere Erde. Doch diese Erde sah noch ganz anders aus als heute, sie war voller Wasser, es gab kein Licht, kein Land und kein Leben auf ihr.

Gott wollte zuerst, dass es hell würde auf der Erde, und sagte: „Licht!" Und schon wurde es hell. Das Licht brachte auch ein wenig Freundlichkeit und Wärme. Gott wollte, dass das Licht neben der Dunkelheit einen festen Platz hatte, und nannte das Licht Tag und die Dunkelheit Nacht. Gott betrachtete Licht und Dunkelheit und fand beides sehr schön. So wurde aus Morgen und Abend der erste Tag.

Gott wollte ein Oben und ein Unten, ein Rechts und Links, ein Hinten und Vorn, damit alles, was noch geschaffen würde, einen guten Platz fände. Zuerst teilte Gott die Erde in ein Oben und ein Unten auf. Das Wasser, das noch alles bedeckte, sollte im Oben und im Unten sein, denn im Wasser wollte Gott das Leben schaffen – Leben sollte überall sein. Das Oben nannte Gott Himmel. Der Himmel sollte sich wie eine schützende Hülle um alles legen, was Gott noch erschaffen wollte. Im Himmel sammelte sich Wasser in großen Wolken. Gott schaute lächelnd auf den Himmel und den Raum darunter und freute sich. Und aus Morgen und Abend wurde der zweite Tag.

Gott sagte: „Es soll festes Land geben."

Und schon sammelte sich das Wasser an manchen Stellen der Erdkugel zu großen Seen und Meeren. Das Land wurde sichtbar. Kleine Inseln und große Kontinente, die von Vulkanen und Erdbeben geformt wurden – sie warfen Berge auf, ließen tiefe Täler entstehen und weite Ebenen. Viel Platz für alles, was Gott noch erschaffen wollte.

Gott sagte: „Es soll Pflanzen geben."

Und es entstanden all die vielen verschiedenen Pflanzen, die Gott sich vorstellte. Die Pflanzen brauchten zum Leben das Wasser, das Gott vorsorglich überall verteilt hatte. Sehr, sehr viel Gras wuchs und bildete große Wiesen. Farne und kleine Sträucher mit Blättern in unterschiedlichen Formen sprossen aus der Erde. Auch unter Wasser wuchsen Pflanzen, die sich in der Strömung wiegten. Das gefiel Gott sehr. Das Land wechselte seine Farbe von Braun zu Grün, weil überall Pflanzen aus dem Boden wuchsen. Gott dachte an ganz große Pflanzen und sagte: „Bäume!"

So entstanden Bäume – manche hatten runde Blätter, andere gezackte, in Herzform oder ganz spitz, wieder andere hatten statt der Blätter Nadeln. Es gab Bäume, die wuchsen sehr hoch in den Himmel hinein, und sie bildeten große, hohe Wälder. Andere Bäume standen einzeln, trugen saftige, bunte Früchte, Nüsse oder Schoten. Einige Bäume hatten gerade, glatte Stämme, andere knorrige und krumme. Gott dachte sich viele verschiedene Formen und Arten aus, alle gefielen ihm gut.

Zum Schluss wollte Gott noch mehr Farben, auch wenn das Grün wirklich sehr schön aussah. Das Leben sollte bunt und vielfältig sein – und nie langweilig werden. Gott sagte darum: „Blumen!"

Und überall steckten Blumen ihre zarten Knospen aus der Erde und öffneten ihre Blütenkelche. Es gab eine Fülle von Blüten, mehr noch als die Blätter der Bäume. Alles begann in den herrlichsten Farben zu leuchten, rot, gelb, orange, blau, violett, pink, türkis, weiß – Gott

erfand alle Farben und hatte große Freude daran. Die Pflanzen trugen Samen, damit sie sich vermehren und überall wachsen konnten! Und wenn eine Pflanze ihre Farben und Frische verlor, wenn sie welkte und verging, konnte eine neue wachsen, sodass die Farben und Formen niemals aufhörten. Das war der dritte Tag, dessen Abend erfüllt war von wundervollem Blütenduft. Gott schaute auf alles, was entstanden war, und war sehr glücklich und zufrieden mit dem Werk.

Als der Morgen des nächsten Tages anbrach, wollte Gott, dass es die Zeit gibt. Alles sollte eine Zeit haben. Und immer, wenn eine Zeit abgelaufen war, sollte eine neue Zeit nachkommen – so entstanden Frühling, Sommer, Herbst und Winter. Gott schuf viele Himmelskörper. Die Sterne und der Mond leuchteten nachts, damit es nicht ganz dunkel auf der Erde war. Die Sonne goss tagsüber kräftige, wärmende Strahlen über der Schöpfung aus. An den Himmelskörpern konnte man die Zeit ablesen, die Gott geschaffen hatte. Stand die Sonne hoch am Himmel, kamen viele Sonnenstrahlen auf die Erde – dann war es Sommer und schön warm. Stand sie niedrig, kam weniger Sonnenlicht auf die Erde, und es war Winter. Mit der Zeit würden die Jahre entstehen – nach jedem Winter kam ein neuer Frühling, nach jedem Sommer wieder ein Herbst. Gott schuf auch Gegenden auf der Erde, wo immer Sommer oder Winter war, das ganze Jahr über. So war alles gut geordnet, und Gott freute sich an dem, was schon geschaffen war. Aber Gott hatte noch viel mehr Ideen und konnte am Abend des vierten Tages den neuen Morgen kaum erwarten.

Am nächsten Morgen fiel Gott noch so unglaublich viel ein, dass es in hundert Büchern gar nicht erzählt werden kann. Gott schuf nämlich die Tiere und sagte zuerst: „Das Wasser soll von Leben nur so wimmeln!" Und es geschah. Winzige Krebse trieben in Schwärmen durch das Meer. Fische, schillernd bunt und mit schicken Flossen, schwammen im klaren Wasser. Riesige Seeschlangen, mächtige Wale und Haie zogen durch die Fluten. Muscheln setzten sich an Steinen fest oder vergruben sich im sandigen Meeresboden. Schnecken in wunderschönen Häusern schlichen behutsam über die Unterwasserfelsen. Korallen, die aussahen wie Pflanzen, obwohl es Tiere waren, entstanden in leuchtenden Farben. Welch ein Wunder!

Gott schaute vom Meer in den Himmel und sagte: „Die Luft soll erfüllt sein von Tieren!" Da flatterten Schmetterlinge und viele kleine Vögel in mindestens so vielen Farben wie die Blüten auf der Erde. Da summten Bienen und Hummeln zu den Blütenkelchen, Mücken tanzten in der Luft in Schwärmen. Da schwebten Adler und Kraniche, Flugsaurier und Fledermäuse. Die Tiere der Lüfte suchten sich Spalten und Höhlen zum Schlafen oder bauten sich Nester hoch oben in den Wipfeln der Bäume. Und noch etwas war entstanden: die Musik! Die Fische unter Wasser waren stumm – ganz anders aber die Vögel. Jeder hatte einen eigenen, unverwechselbaren Gesang, manche hoch, andere tief, manche sangen nur wenige Töne, andere wunderschöne, lange Lieder. Gott freute sich an den vielen verschiedenen Geschöpfen. In tiefer Dankbarkeit über die zauberhaften

Klänge, die die Tiere der Lüfte von sich gaben, lächelte Gott so lange, bis es Abend wurde und damit der fünfte Tag zu Ende ging.

Gott wollte am nächsten Morgen Landtiere schaffen. Es sollte noch bunter und lebendiger werden. Jeder Gedanke Gottes wurde zu einem einmalig schönen, einzigartigen Tier. Da krabbelten Ameisen und Käfer, Spinnen und Tausendfüßler. Unter der Erde gruben sich Würmer und winzig kleine Lebewesen, kleiner als ein Sandkorn, ihre Gänge durch den Boden. Da sprangen Grashüpfer und Frösche, krochen Schlangen und Schnecken über den Boden, und Schildkröten gingen gemächlich auf ihren kurzen Beinen. Die Vielzahl der kleinen, harten oder kalten Tiere, die Gott schuf, war überwältigend. Aber Gott dachte sich auch ganz warme Tiere mit weichem Fell aus, wie Mäuse, Hamster, Katzen, Hunde, Kängurus, Affen und Bären. Oder große Tiere wie Saurier und Elefanten, Nashörner, Nilpferde und Giraffen – es bebte die Erde von ihren Schritten. Gott wollte ganz schnelle Tiere wie den Gepard und langsame wie das Faultier. Bei jedem Tier hatte Gott eine genaue Vorstellung, wie es aussehen sollte – nur beim Chamäleon konnte Gott sich einfach nicht entscheiden, welche Farbe es tragen sollte –, darum sollte es sich seine Farbe selbst aussuchen. Aber wenn Gott sich schon nicht entscheiden konnte – das Chamäleon konnte es erst recht nicht. Und so passt es sich immer den Farben der Umgebung an, weil es die dann gerade am schönsten findet. Gott schuf Tiere, die in großen Herden leben wie die Zebras, Gnus und Antilopen, und Tiere, die in kleinen Rudeln leben wie die Löwen. Alle Tiere bekamen abwechslungsreiche, schön gemusterte Felle, lange oder kurze Beine und Schwänze,

große oder kleine Augen, Nasen, Ohren. Sie bekamen Hörner, Borsten, Stacheln in allen Formen und Farben – Gott hatte so viel Fantasie und so wundervolle Ideen für die Tiere, die das Land in Besitz nahmen. Manche von ihnen waren sehr leise oder stumm wie die Fische im Wasser, die meisten aber machten Geräusche. Sie brüllten und piepsten, knurrten und schnurrten, sie bellten, miauten, muhten, quiekten und meckerten. Gott freute sich sehr an dem bunten Treiben und war sehr zufrieden mit seiner Schöpfung.

Nach den Landtieren sollte noch ein ganz besonderes Wesen entstehen, eines, das Gott von allen Wesen am ähnlichsten sein würde. Dieses Wesen sollte selber Dinge erfinden, schaffen und bauen können. Es sollte anders sein als alle Tiere und denken, sprechen, malen und schreiben können. Und es sollte ein großes, liebendes Herz für die gesamte Schöpfung haben. So schuf Gott den Menschen – eine Frau und einen Mann. Wie alle Geschöpfe hat Gott den Menschen bunt und vielfältig geschaffen: Manche bekamen helle Haut, andere dunkle, manche krauses Haar, andere glattes. Die Formen ihrer Nasen, Ohren, Augen waren so abwechslungsreich wie die Gefieder der Vögel und die Felle der Säugetiere. Gott wollte, dass sich die Menschen vermehrten, sie sollten die ganze Erde bewohnen, ein Zuhause und genug zu essen haben, sich gegenseitig helfen und in Frieden miteinander leben. Gott gab den Menschen einen besonderen Auftrag dazu: Sie sollten gut auf die Schöpfung aufpassen, sie pflegen, bewahren, achten, lieben und schützen, denn

Gottes ganze Liebe und Fantasie war in dieses Werk geflossen. Der Mensch sollte dafür Sorge tragen, dass das Leben bunt bliebe, sich ausbreitete und vermehrte. Gott freute sich über die Menschen, sie passten gut in die Welt zwischen die Tiere und Pflanzen. So wurde aus dem Morgen und dem Abend ein ereignisreicher sechster Tag.

Einen Schöpfungstag ließ Gott noch werden, den siebten, der war besonders. Da wollte Gott etwas ganz Wichtiges tun – nämlich nicht arbeiten. In sechs Tagen waren so wundervolle, schöne Geschöpfe entstanden, hatte sich eine so bunte, reiche und sagenhafte Welt gebildet, die am siebten Tag bestaunt, bewundert, genossen und geehrt werden sollte.

So schaute Gott den ganzen Tag liebevoll auf alles, was entstanden war, und sah mit Freude, dass alles sehr gut geworden war. Gott segnete den siebten Tag und sagte den Menschen, dass auch sie an diesem Tag ausruhen, das Leben und die Schöpfung genießen sollten. Der Auftrag, den Gott den Menschen gegeben hatte, bedeutete viel Arbeit. Wer diese Arbeit fröhlich und achtsam tun wollte, brauchte Pause und Erholung. Gott wünschte sich, dass die Menschen das Wunder der Schöpfung, das große Geschenk des Lebens, erkannten – dafür mussten sie sich Zeit nehmen und die Arbeit für einen Tag vergessen. Gott hoffte, dass sich die Menschen beim Anblick der wunderbaren Schöpfung auch immer an den Schöpfer erinnerten, besonders an dem Tag, an dem sie Zeit zum Ausruhen, Nachdenken und Bewundern hatten.

Adam und Eva im Paradies

Genesis 2,4b–3,24

Es gibt eine zweite Schöpfungsgeschichte in der Bibel – sie ist ein paar Hundert Jahre älter als die erste. Sie erzählt die Entstehung der Welt anders. Es gibt viele verschiedene Möglichkeiten, wie die Welt entstanden sein könnte. Ganz genau wussten es die Menschen damals auch nicht. Die Bibel möchte auf jeden Fall eines deutlich sagen: Gott war der Ursprung allen Lebens. Gott schuf die Welt, die Geschöpfe und alles, was es gibt. Weil Gott das Leben wollte!

Bevor Gott Himmel und Erde machte, gab es nichts. Wie ein Erfinder dachte Gott darüber nach, aus dem Nichts etwas Wunderbares zu schaffen: Himmel und Erde. Gottes Himmel war weit und groß, blau und schön – doch nichts bewegte sich an ihm, weder Vögel noch Wolken. Alles war totenstill und leer. Gottes Erde war fest und hatte viele Formen – Berge, Täler, Küsten, Ebenen –, aber auch hier war alles öde und langweilig. Nichts wuchs auf der Erde, kein Baum, kein Strauch. Kein Tier bewegte sich über und unter der Erde. Auch Menschen gab es noch nicht.

Gott beschloss, dass es Leben geben sollte, und schuf als Erstes Nebel und Wolken, um den Boden zu bewässern. Wie ein Töpfer, der Gefäße aus Lehm formt, nahm Gott die feuchte Erde und formte einen Menschen daraus. Er war leblos, bis Gott ihm den Atem des Lebens in seine Nase blies. Da atmete der Mensch – er lebte, schlug die Augen auf und reckte seine Glieder, als habe er sehr lange geschlafen.

18

Gott wusste, dass der Mensch einen guten
Platz auf der Welt brauchte, wo er gut leben konnte
und sich wohlfühlen würde. Wie eine fürsorgliche Mutter suchte Gott für den Menschen einen geeigneten Platz im Osten, wo die
Sonne zuerst aufging und ihn der Tag morgens gleich mit wärmen-
den Strahlen begrüßen würde. Wie ein Gärtner legte Gott einen Garten für den Menschen an, in dem er leben konnte und der ihm alles
gab, was der Mensch zum Leben brauchte. Dieser Ort hieß Eden.
Gott schuf viele Pflanzen und begrünte den Platz, an dem der Mensch
jetzt zu Hause sein sollte, mit Bäumen.

An den Bäumen wuchsen sehr viele verschiedene Nüsse und Früchte:
Äpfel, Birnen, Pflaumen, Kirschen, Mangos, Zitronen, Kokosnüsse,
Kakao. Es entstanden auch Gewürze wie Zimt und Pfeffer, Muskat
und Nelken. Gott schuf Bananen- und Ananaspflanzen, Gräser mit
vielen Körnern, die der Mensch direkt essen oder aus denen er Speisen zubereiten konnte – Hirse, Roggen, Gerste, Mais, Weizen, Hafer.
Wie ein Bauer legte Gott Felder an – in der Erde wuchsen Rüben und
Kartoffeln, darüber Bohnen, Kohl, Lauch, Zwiebeln, Erdbeeren, To-
maten, Teepflanzen, Himbeer- und Kaffeesträucher, Rhabarber und
Spinat. Der Speiseplan für den Menschen sollte reich und bunt sein.
Um den Garten herum schuf Gott mächtige Flüsse, die das Land be-
wässerten. Durch den Garten floss ein klarer, frischer Bach, damit
der Mensch immer genug Wasser zum Trinken, Waschen und Ko-
chen hatte und nicht so weit laufen musste, um es zu holen. Gott
dachte an alles und sagte wie ein liebender Vater: „Mein liebes Men-
schenkind – schau, von all dem darfst du essen. Es soll dich stärken,
gesund erhalten und dir schmecken!"

In der Mitte des Gartens ließ Gott einen besonderen Baum wachsen. Er war größer und mächtiger als die anderen Pflanzen. Gott nannte ihn den „Baum des Erkennens". Wer die Früchte dieses Baumes aß, würde den Unterschied zwischen Gut und Böse erkennen und nicht nur das Leben, sondern auch den Tod kennenlernen. Darum sagte Gott zum Menschen: „Von diesem Baum sollst du nicht essen, damit du für immer und sorglos hier im Garten leben kannst."

Der Mensch freute sich über den Garten, baute eine Hütte und sammelte Früchte zum Essen. Nach einer Weile bemerkte Gott, dass der Mensch nicht mehr so fröhlich aussah wie am Anfang. Gott erkannte, dass der Mensch Gesellschaft brauchte und es nicht gut war, dass er ganz allein im Garten lebte. Allein war ihm langweilig, und es war niemand zum Reden da, er konnte mit keinem zusammen arbeiten und essen, es gab niemanden zum Kuscheln und Trösten, zum Spielen und Lachen.

Da formte Gott Tiere aus Lehm – viele verschiedene, eines fantasievoller als das andere. Jedem Tier aus Lehm blies Gott denselben Atem ein, den auch der Mensch geschenkt bekommen hatte, und so wurden sie lebendig wie der Mensch. Der sah zu und staunte: Manche Tiere hatten Flügel und erhoben sich in die Lüfte. Andere hatten Schuppen und Flossen und wurden von Gott ins Wasser gesetzt. Gott schuf Landtiere, die riesengroß waren – der Boden bebte unter ihren Schritten –, und Tiere, die winzig klein waren, so klein, dass man sie weder sehen noch hören konnte. Gott schuf scheue Tiere der Nacht, die der Mensch nur selten zu Gesicht bekam, und solche, die immer und überall herumwuselten. Plötzlich krabbelten, hüpften und flogen überall im Garten Tiere umher, der Mensch klatschte in die Hände und freute sich! So viel Gesellschaft, so viel zu entdecken und zu beobachten, das würde bestimmt nie langweilig – dachte er.

Gott sagte, der Mensch möge sich Namen für die Tiere ausdenken, das tat er auch. Er nannte sie manchmal nach ihrem Aussehen, nach einer Besonderheit, die er entdeckte: Zum Beispiel gab es ein Tier, das hatte ein gewaltiges Horn auf der Nase. Das nannte der Mensch darum Nashorn. Ein Vogel des Waldes mit zwei Federbüschen am Kopf, die wie Ohren aussahen, nannte er Waldohreule. Manche Tiere bekamen ihren Namen durch die Art ihrer Fortbewegung. Ein langes Tier ohne Beine schlängelte sich in Wellen über den Boden, das nannte der Mensch darum Schlange. Ein kleines Tier, das in der Wiese lebte und gut springen konnte, nannte er Grashüpfer.

Der Mensch erfand auch manchmal einen Namen, weil das Tier lustige Töne von sich gab: Da war ein Vogel, der zwei verschieden hohe Töne sang, die sich anhörten wie Kuckuck – den nannte er genauso: Kuckuck. Manche Tiere bauten auch Nester oder Gebilde – eines konnte Netze spinnen und weben, das hieß darum Spinne. Und ein Tier, das so ähnlich aussah wie die Schlange – und doch ganz anders –, kam immer bei Regen aus der Erde gekrochen: Das nannte der Mensch Regenwurm. Aber es gab so viele Tiere, dass der Mensch sich auch eine Menge klingende, lange, kurze, einfache und komplizierte Worte überlegen musste, um alle Tiere zu benennen: Esel, Schwein, Krokodil, Ameise, Leopard, Elefant, Reh, Känguru, Büffel, Wal, Fuchs, Adler – Tag und Nacht überlegte der Mensch sich Namen und achtete darauf, dass alles einen Namen bekam, was mit ihm lebte, auch die Pflanzen. Das war eine schöne Arbeit, die viel Zeit in Anspruch nahm.

21

Es gab Tiere, die mochte der Mensch sehr – und die wohnten mit ihm zusammen im Garten. Sie waren weich und verschmust wie die Katze, treu und verspielt wie der Hund, nützlich wie Ziegen und Kühe, die dem Menschen Milch schenkten, oder die Schafe, die dem Menschen Wolle für ein gemütliches Bett gaben. Der Mensch umgab sich mit Tieren, er hielt sich einen Papagei, der sogar sprechen lernte – aber das war immer noch anders als die Sprache des Menschen. Alle Geschöpfe sahen anders aus und hatten Artgenossen, der Mensch jedoch war einzigartig, es war kein zweiter Mensch da, der ihm glich.

Darum sagte der Mensch zu Gott: „Die Tiere sind schön und leisten mir Gesellschaft, ich habe sie lieb – aber sie sind nicht wie ich. Ich bin der einzige Mensch – und allein."

Gott sah, dass der Mensch traurig wurde, und ließ ihn in einen tiefen Schlaf fallen. Gott nahm ein Stück vom Menschen und formte daraus einen zweiten Menschen, der ihm ähnlich war und doch ganz anders. So waren plötzlich zwei Menschen im Garten Eden, ein Mann und eine Frau. Als sie einander sahen, freuten sich beide und entbrannten in Liebe füreinander. Sie spürten, wie ähnlich sie sich waren, wenn sie auch nicht genau gleich waren. Sie wussten, dass beide aus der Hand Gottes geschaffen worden waren.

Von nun an taten sie alles gemeinsam und saßen oft am Abend Hand in Hand im Gras und schauten in den Sonnenuntergang. Die beiden vertrauten einander und schämten sich nicht, obwohl sie nackt waren. Sie wussten: Die Liebe zwischen ihnen war auch eine Gabe Gottes. Gott wollte, dass Menschen sich aus Liebe verbinden und Kinder haben. Und wenn diese Kinder groß wären, würden sie von ihren

Eltern fortgehen und sich ebenfalls in Liebe verbinden, um selbst Kinder zu haben.

Eines Tages kam das Tier, das sie Schlange nannten, vorbeigeschlängelt und zischelte zur Frau: „Stimmt es, dass Gott euch verbietet, von den Früchten des Gartens zu essen?"

„Nein", sagte die Frau ohne Argwohn, „wir dürfen alles essen. Die einzigen Früchte, die wir nicht essen dürfen, wachsen an dem Baum in der Mitte des Gartens, den Gott den Baum des Erkennens nennt."

„Sooo?", fragte die Schlange listig. „Und warum ist das so, was meinst du?"

„Gott hat gesagt, dass wir dann wissen, was Gut und Böse ist, und nicht nur das Leben, sondern auch den Tod kennenlernen. Gott sagt: ‚Dann werdet ihr sterben!'"

„Und das glaubst du? Ich glaube", sagte die Schlange mit funkelnden Augen, „Gott will nur keine schlauen Menschen. Gott will, dass ihr dumm bleibt. Kein Wesen soll klug und weise werden, nur Gott. Aber wenn ihr von den verbotenen Früchten esst, werdet ihr klug und weise wie Gott!"

Die Frau dachte nach. Ob die Schlange recht hatte? Wäre es nicht schön, so klug und weise zu sein wie Gott? Sie sah auf die Früchte und dachte an Gottes Verbot. Sie sah auf die Schlange und stellte sich vor, so klug und weise zu sein wie Gott. Was konnte Gott schon dagegen haben, wenn sie schlaue Menschen wurden – das könnte ihnen sehr nützlich sein. Und die Schlange hatte recht: Wenn Gott sie wirklich lieb hatte, würden die Menschen nicht ein solches Gebot bekommen haben.

So ging die Frau zu dem Baum in der Mitte des Gartens und pflückte sich eine Frucht. Sie leuchtete rot und duftete verführerisch. Sie ging mit der Frucht zum Mann und erzählte ihm von der Begegnung mit der Schlange. Beide überlegten zusammen, ob sie auf Gott hören sollten oder der Schlange trauen. Schließlich aßen sie beide ein Stück von der Frucht, die köstlich schmeckte. Augenblicklich jedoch umfing sie eine Kälte. Sie betrachteten einander und entdeckten ihre Nacktheit. Plötzlich war alles anders als zuvor – sie schämten sich voreinander, suchten große Blätter, um sich zu bedecken, schauten einander nicht mehr in die Augen und schwiegen.

Gott ging abends oft durch den Garten Eden, um die Menschen zum Ende des Tages zu besuchen und ihnen eine gute Nacht zu wünschen. Doch dieses Mal fand Gott die Menschen nicht. „Wo seid ihr?", rief Gott.

„Ich bin hier", sagte der Mann, „hier im Gebüsch."

„Warum?", fragte Gott.

„Weil ich nackt bin und dich kommen hörte, ich wollte nicht, dass du mich so siehst!"

„Wer hat dir gesagt, dass du nackt bist?", fragte Gott. „Hast du von dem Baum der Erkenntnis gegessen?"

Der Mann fühlte sich ertappt, er wusste, dass Gott verboten hatte, von dem Baum zu essen. Er schämte sich noch mehr, erkannte, was er falsch gemacht hatte – schob aber schnell alle Schuld auf seine Frau. „Die Frau, die du mir als Gefährtin gegeben hast, sie ist an allem schuld. Sie gab mir von der Frucht. Sie hat gegen dein Verbot verstoßen, ich kann nichts dafür!"

Gott rief die Frau, die sich auch versteckt hatte, und fragte sie, warum sie von der Frucht gegessen und dem Mann auch davon abgegeben hatte.

„Mich trifft keine Schuld! Die Schlange hat mich überredet, sie ist ein böses Tier!", verteidigte sich die Frau.

Da sprach Gott zur Schlange: „Zwischen dir und den Menschen wird von nun an Feindschaft sein. Du wirst sie in die Füße beißen, wenn sie durchs Gras gehen, und sie werden dich erschlagen, wenn sie dich entdecken!"

Die Menschen spürten, dass sich alles verändert hatte, seit sie das Verbot Gottes missachtet hatten. Gott sprach zu den beiden Menschen: „Ihr habt euch entschieden, Gut und Böse in euer Leben zu lassen und auch den Tod kennenzulernen. Im Garten Eden könnt ihr nun nicht mehr bleiben. Von nun an werdet ihr kein so einfaches Leben mehr haben. Ihr werdet beide hart arbeiten müssen, um euch zu ernähren. Der Mann wird für das Essen auf dem Feld schwitzen müssen, und die Frau wird unter Schmerzen Kinder gebären. Und ihr beide werdet am Ende eures Lebens wieder zu dem werden, aus dem ihr gemacht seid: zu Erde."

Diese beiden Menschen hießen Adam und Eva. Adam bedeutet „Mensch aus Erde" und Eva bedeutet „die Leben schenkt". Gott tat es leid, dass Adam und Eva nun nicht mehr im Garten Eden bleiben konnten. Gott machte schnell noch Kleider aus Pflanzen, damit Adam und Eva nicht nackt gehen mussten, denn sie schämten sich ja nun dafür. Seinen Garten ließ Gott von einem Engel bewachen, der Adam und Eva die Rückkehr in den Garten verwehrte. Sie konnten nie wieder zurück ins Paradies.

Noah und die große Flut

Genesis 6,1–9,17

Es waren viele Jahre vergangen. Unzählige Sommer und Winter hatten einander abgelöst, und Gottes Schöpfung war gewachsen, hatte sich ausgebreitet und war wunderbar wie am ersten Tag. Alles entwickelte sich so, wie Gott es sich gewünscht hatte. Nur die Menschen machten Gott Kummer – ausgerechnet diese besonderen Geschöpfe, die doch auf alles aufpassen, alles bewahren sollten. Sie schienen Gottes Auftrag vergessen zu haben. Oder sie hatten den Auftrag gar nicht verstanden, denn sie benahmen sich nicht wie respektvolle, liebevolle und achtsame Hüter der Schöpfung. Sie wollten die Schöpfung beherrschen und dachten, es gäbe alles um sie herum nur aus einem einzigen Grund: Damit sie damit machen können, was sie wollen. Sie pflegten und schützten die Welt nicht, wie Gott es ihnen aufgetragen hatte. Sie hatten die Achtung vor der Schöpfung verloren – und damit auch die vor dem Schöpfer selbst.

Sie kümmerten sich nur um das, was ihnen selbst wichtig und nützlich erschien. Alles andere beachteten sie wenig. Sie verschmutzten das Wasser, ohne dabei an die Fische zu denken, die darin lebten. Sie rodeten viel mehr Bäume, als sie zum Bauen von Häusern und Möbeln brauchten, und sie pflanzten kaum neue Bäume. Es störte sie nicht, dass sie dadurch den Lebensraum der Waldtiere zerstörten. Die meisten Menschen missachteten die Vielfalt der Schöpfung. Was sie nicht schön fanden oder gebrauchen konnten, behandelten sie respektlos.

Was am Boden krabbelte, traten sie oft absichtlich tot. „Unnützes Ungeziefer!", riefen sie dann – sie hatten vergessen, dass Gott auch diese Geschöpfe aus Liebe gemacht hatte und sie von Gott einen Platz in der Welt bekommen hatten. Die Menschen hatten kein Auge mehr für die Schönheit eines Spinnennetzes, in dem sich Tautropfen sammeln – und mochten die Spinnen nicht, die doch wunderbare Künstlerinnen waren.

Nur die Tiere, die ihnen bei der Arbeit nützlich sein konnten, wurden gepflegt – Pferde und Ochsen zum Beispiel. Auch jene, die ihnen Nahrung schenkten, bekamen ihre Aufmerksamkeit: Die Hühner legten Eier für sie, die Kühe gaben ihnen Milch, Schweine und Schafe lieferten Fleisch, aus den Fellen und Häuten der Tiere fertigten sie Leder für ihre Schuhe. Doch viele Menschen achteten nicht einmal ihre Nutztiere, sondern behandelten auch sie schlecht, wie leblose Wesen. So hatten alle Geschöpfe die Menschen fürchten gelernt und hielten Abstand zu ihnen.

29

Mit den Pflanzen war es genauso: Die, die den Menschen nützlich erschienen, die ihnen Nahrung boten, schützten sie – alle anderen schlugen sie ab, verbrannten sie oder rissen sie aus – nicht nur das Kraut auf ihren Feldern, das zwischen den Nutzpflanzen wuchs. So wurde die bunte Welt Gottes bedroht. So wurde das Leben auf der Welt immer liebloser. Es gab keine Menschen, die sich respektvoll benahmen, die friedlich und achtsam als Teil der Schöpfung lebten. Sie wussten mit dem Reichtum der Schöpfung nicht dankbar und behutsam umzugehen.

Selbst die Menschen untereinander lebten nicht so, wie Gott es sich wünschte. Sie hielten keinen Frieden miteinander, waren voller Neid und Gier, nahmen einander Dinge weg, sie logen und betrogen und halfen einander nicht, wenn sie in Not waren – außer, wenn sie davon einen Vorteil hatten. Nur die engsten Angehörigen hielten zusammen – allen anderen gegenüber benahmen sie sich wie Feinde.

Gott sah das alles, wurde zuerst traurig – und dann wütend. Diese Menschen schienen ganz und gar missraten zu sein, obwohl Gott gerade den Menschen zu einem besonderen Geschöpf auserkoren hatte. Nein, der Mensch lebte in der Schöpfung nicht, wie Gott es sich gewünscht hatte. Gott fühlte zum ersten Mal Zorn und Enttäuschung beim Anblick der Schöpfung.

Noah jedoch war eine Ausnahme. Er und seine Frau hielten ihre Söhne und Töchter dazu an, den Boden liebevoll zu bestellen, jedem Geschöpf ehrfurchtsvoll zu begegnen und nicht mehr aus der Natur zu nehmen als nötig. Sie waren freundliche Leute, die ihren Nachbarn gern halfen und die Fremden Schutz und Hilfe anboten. Sie waren auch weit und breit die Einzigen, die am siebten Tag ausruhten, wie

Gott es bestimmt hatte. Sie arbeiteten nicht, genossen die Pause und ehrten Gott, indem sie seine wunderbaren Werke wertschätzten und für alles dankten.

Eines Tages vernahm Noah eine Stimme, ohne dass er jemanden entdecken konnte. Es war Gottes Stimme, die Noah hörte – das wusste er sofort. Noah hörte Gott sagen, dass er ein Schiff bauen solle, eine Arche, groß genug für ihn, seine Familie und je ein Paar aller Tiere der Erde. Es müsse drei Stockwerke und ein Dach haben, viele Kammern und Ställe für die Tiere. Da Noah auf Gott vertraute und wusste, dass Gott niemals sinnlose Sachen von ihm verlangen würde, rief er seine Familie zusammen und erzählte ihnen von dem Auftrag.

„Eine Arche?", rief Ham, der jüngste Sohn Noahs. „Ein Schiff, groß genug für uns und alle Tiere? Dann machen wir eine große Reise? Wunderbar!", jubelte er.

Aber sein älterer Bruder Sem fuhr ihn an: „Kindskopf! Du hast doch gar nicht begriffen, worum es geht! Eine Flut wird kommen und Zerstörung bringen! Eine Arche zu bauen, das ist eine schwere Aufgabe! Weißt du, wie viel Arbeit das sein wird? Und was, wenn die Flut kommt, bevor wir fertig sind?"

Ham schwieg.

Jafet, der älteste Sohn Noahs, legte seine Arme um seine beiden Brüder und sagte: „Wir sollten uns mit Vater an die Arbeit machen. Kommt!"

Sie fällten zuerst einige Bäume, die um ihr Haus herum wuchsen. Aber das reichte nicht. Sie brauchten mehr Holz für ein so großes Schiff. Immer weiter mussten sie mit ihren Zugtieren gehen, um

Bäume zu fällen und sie den langen Weg nach Hause zu ziehen. Eine mühsame Arbeit. Ihnen war klar, dass der Bau nicht nur viele Tage dauern würde, sondern viele Monate. Aber sie arbeiteten ohne Ärger und Angst, denn sie wussten, dass sie sich auf Gott verlassen konnten. Langsam nur wuchs das Schiff, die Arche. Ein Schiff zu bauen war eine knifflige Angelegenheit, das hatten sie nicht gelernt. So mussten sie sich immerzu beraten und genau überlegen, wie die Arbeit zu tun war. Manchmal zweifelten sie, ob sie es schaffen könnten. Aber sie vertrauten Gott und arbeiteten an jedem neuen Tag zuversichtlich weiter.

Den Nachbarn blieb nicht verborgen, dass bei Noah etwas Großes im Gange war. Sie kamen neugierig vorbei:

„Noah, sag: Was soll das werden?"

Noah antwortete ruhig: „Ein Schiff, meine Arche!"

Die Leute schauten sich an. Was hatte Noah gesagt? Ein Schiff? Weit und breit war kein Wasser, weder ein Meer noch ein See. Und auf dem kleinen Fluss in der Nähe konnte dieses Riesenschiff nicht fahren. Sie murmelten, manche lachten hinter vorgehaltener Hand. Sie begannen, Noah und seine Söhne zu verspotten:

„Ein Schiff? Was du nicht sagst … baut ihr noch Flügel dran, dass es bis zum Meer fliegen kann?", rief einer.

Die Leute lachten und prusteten, sie wurden immer frecher.

„Und was wollt ihr hineintun in so ein riesiges Schiff, Noah? Den Berg dahinten? Wohin geht denn die Reise? Zum Mond?"

Schließlich sagte einer: „Noah, du bist verrückt geworden. Die Sonne hat dir zu lange auf deinen Kopf geschienen! Was soll der Unsinn? Hast du nichts Besseres zu tun?"

Noah legte das Beil aus der Hand und ging zu der Menge, alle schauten gespannt, was nun passieren würde.

Noah sagte: „Gott, der Schöpfer allen Lebens, hat mir den Auftrag gegeben, diese Arche zu bauen. Es wird eine große Flut kommen, die alle hinwegspült, die Gott und die Schöpfung nicht achten. Wir werden in dem Schiff die Tiere vor dem Ertrinken retten."

Einen Moment war es still. Dann brach ein Johlen und Rufen los, die Leute lachten noch lauter, manche fielen in den Staub und krümmten sich vor Lachen.

„Hahaha, Gott hat dir das gesagt, Noah? Ja? War Gott zum Abendessen bei dir und ihr habt dann ein bisschen geplaudert, ihr zwei, ja?"

Jafet wurde wütend und wollte in die Menge stürmen und sie fortjagen, aber seine beiden Brüder hielten ihn zurück.

Noah war immer noch ganz ruhig. „Statt zu spotten, solltet ihr lieber nachdenken, warum das geschieht. Ihr solltet Gott ernst nehmen und euch ändern – und euch auch vorbereiten!"

Aber die Leute wollten nicht zuhören und nachdenken – sie wollten lachen und ihren Spaß haben. Irgendwann gingen sie fort, und ab da galt Noah in ihren Augen als Verrückter.

Als der Schiffskörper nach vielen Monaten fertig war, verschmierten die vier jede Ritze mit Pech und Teer, damit nicht ein Tröpfchen Wasser ins Innere dringen konnte. Dann begannen sie den Innenausbau: Sie bauten große Ställe für die großen Tiere, kleine Kammern für die kleinen Tiere. Sie schleppten Heu und Stroh, Früchte und Fleisch, Körner und Nektar in die Arche, damit die Tiere genug zu essen haben würden. Schließlich machten sie sich daran, jeweils ein Paar von jeder Tierart zu fangen und in die Arche zu bringen. Bei manchen Tieren war das leicht – die Käfer, Spinnen und Würmer waren leicht zu fangen. Die Vögel und Schmetterlinge zu fangen, die schnellen und die großen Tiere oder die, die gefährlich waren, wie Löwen und Schlangen, – das war alles andere als einfach. Aber sie redeten ruhig auf die Tiere ein, und es schien so, als verstünden die Tiere, dass es zu ihrem Wohl geschieht sie ließen sich friedlich zur Arche führen. Und auch die Tiere, die in Freiheit Jagd aufeinander machten – wie zum Beispiel die Katze und die Maus –, bewahrten Frieden und verschonten einander. Sem kam eines Tages mit je zwei Fischen aus dem Bach. Da lachten seine Brüder:

„Die überleben die Flut besser ohne unsere Arche!"

Sem schämte sich ein bisschen, weil sie recht hatten.

Die Arche füllte sich, aber täglich fiel einem aus der Familie ein, welches Tier noch fehlte – und sie zogen los, ein Paar zu finden. Schließlich zog Noahs Familie ein und machte es sich wohnlich. Keinen Tag zu früh, denn es begann zu regnen. Erst ganz leise und kaum merklich, aber die Tropfen wurden immer größer und schwerer und klatschten auf das Dach der Arche. Noahs Familie schaute aus den Luken und sah, wie sich kleine Rinnsale und Pfützen bildeten, dann große Lachen, kleine Seen, die zusammenwuchsen, das Wasser stieg und stieg. Am Morgen des vierten Tages bemerkten sie, dass die Arche sich langsam bewegte – sie schwamm. Das Wasser stieg unaufhörlich, und das Schiff setzte sich in Bewegung. Gemächlich glitt es in den folgenden Tagen durch das Wasser, das nun schon das Land bedeckte. Nur noch einige Bäume und Bergspitzen schauten aus den Fluten, alles andere war darin bereits verschwunden. Manchmal trieb ein Topf oder Fass vorbei – dann musste Noah an die Menschen denken, die nicht auf ihn hatten hören wollen. Noah hatte Mitleid mit ihnen, aber er konnte nichts tun.

Es regnete und regnete. Bald war kein Land mehr zu sehen, alles war ein einziger Ozean. Nach vierzig Tagen hörte der Regen plötzlich auf. Es wurde merkwürdig still. Das Wasser jedoch stand immer noch hoch und weit – keiner in der Arche wusste, wie es nun weitergehen würde. Sie wussten nur, dass Gott sie nicht im Stich lassen würde.

Die Tage vergingen, und nur sehr, sehr langsam lief das Wasser ab. Sie waren schon bald vier Monate unterwegs, da wurden bei den großen Tieren, die täglich viel fraßen, die Vorräte knapp. Körner für die Vögel gab es noch genug – aber ein Elefant oder Löwe frisst keine Körner.

Viele Tiere wurden unruhig. Noah und seine Familie auch. Wie lange würde die Flut noch dauern? Gab es denn immer noch kein Land – irgendwo? Tagsüber schauten sie unermüdlich aus allen Luken, um etwas zu entdecken. Nichts.

Nach 150 Tagen merkten sie, dass der Wasserspiegel langsam sank. Es dauerte aber noch mal viele Tage, bis plötzlich ein Rumpeln durch die Arche ging: Sie hatte aufgesetzt. Irgendwo unter dem Schiff musste fester Boden sein – und wirklich, es war die Spitze des Berges Ararat. Das war der Moment, in dem Noah beschloss, einen Kundschafter loszuschicken. Noah wählte einen Raben aus, den ließ er fliegen. Erschöpft kehrte er zurück, er hatte außer der Arche keinen Platz zum Landen gefunden.

Ein paar Tage später ließ Noah eine Taube fliegen, die nach einigen Stunden mit einem Ölzweig im Schnabel zurückkam – das war der Beweis dafür, dass sie irgendwo Land gefunden hatte und dass die Pflanzensamen die Flut überstanden hatten und neu zu wachsen begannen. Ein paar Tage wartete Noah noch, ließ die Taube noch einmal fliegen. Aber sie kam nicht zurück. Da wusste Noah, dass sie einen Platz zum Leben gefunden hatte, und er ließ die andere Taube hinterherfliegen – und alle Vögel dazu.

Die Arche lag fest und still, und eines Morgens war die Tür von außen geöffnet worden und Sonnenlicht strömte in den Schiffbauch. Sofort band Noah mit seiner Familie alle Tiere los, öffnete die Käfige, die Kisten und Schachteln, und sie entließen die Geschöpfe Gottes in die Freiheit. Noahs Familie trat ins Freie, die Sonne schien. Wie wunderbar, wieder festen Boden unter den Füßen zu spüren. Als Erstes dankten sie dafür, dass Gott sie bewahrt hatte. Und dann genossen sie die Rückkehr des Lebens und begannen, sich ein neues Zuhause zu bauen.

Gott sah alles. Jeglicher Zorn war verflogen. Gott bereute, überhaupt so zornig gewesen zu sein, und setzte einen leuchtenden Regenbogen in den Himmel und sprach: „Niemals wieder will ich eine Flut schicken und das, was mich ärgert, vernichten. Von nun an gibt es einen Bund zwischen mir und den Menschen. Der Regenbogen soll immer daran erinnern. Solange es die Erde gibt, soll es Saat und Ernte geben, Sommer und Winter, Frost und Hitze, Tag und Nacht. Das verspreche ich!"

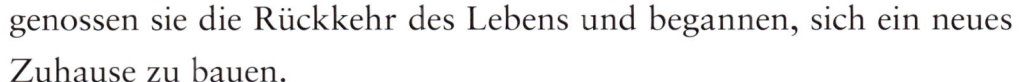

Der Turmbau zu Babel

Genesis 11,1–9

Alle Wesen der Schöpfung lebten friedlich unter Gottes Regenbogen. Lange Zeit nach der großen Flut war die Welt auch wieder von vielen Menschen bevölkert. Sie sprachen alle dieselbe Sprache. Das war praktisch, so konnten sich alle verstehen. Eigentlich hätten die Menschen gut und friedlich miteinander leben können. Doch viele waren gierig und konnten nicht genug Reichtum sammeln. Sie waren neidisch auf das, was andere Menschen hatten. Und sie lebten im ständigen Wettstreit miteinander, wer mächtiger, reicher und wichtiger war. Sie waren eitel und stolz. Die meisten von ihnen hatten auch Gott schon wieder vergessen, und das Schöpfungswerk war ihnen so alltäglich geworden, dass sie nicht mehr staunen konnten. Nur die Kinder der Menschen konnten das noch – bis sie selbst erwachsen waren. Dann verlernten sie es genau wie ihre Eltern.

Eines Tages beschlossen einige einflussreiche Menschen, einen Turm zu bauen, der mächtiger als alle Türme und Bauwerke der Welt sein sollte. Er sollte höher sein als jeder Berg der Erde und prunkvoller als jedes andere Gebäude, das Menschen je gebaut hatten.

„Dieser Turm soll zeigen, wie mächtig wir Menschen sind! Er soll bis zum Himmel reichen. Dann sind wir so mächtig wie Gott!"

Aber die Baumeister der Stadt sagten: „Wie sollen wir das machen? So viel Holz finden wir doch gar nicht. Und ein Turm aus Lehm wird nicht lange stehen, er stürzt ein, oder der Regen wäscht ihn davon!"

Da hatte einer der Baumeister eine neue Idee: „Wir werden Bausteine aus Lehm formen und sie im Ofen brennen, dass sie hart und trocken werden. Dann werden sie jedem Wetter standhalten und tausend Jahre überdauern!"

Und so wurde es beschlossen. Sie bauten Öfen und brannten Ziegelsteine aus Lehm darin, viele, viele, viele Steine.

Die Anführer erzählten allen Stadtbewohnern von ihrer Idee, und die waren begeistert.

„Ja, lasst uns einen Turm bauen. Wir werden mithelfen!", riefen sie. „Er soll der größte Turm der Welt werden, bis in den Himmel reichen – und wir werden groß und mächtig sein wie Gott!"

Sie begannen alle gemeinsam mit dem Bau eines riesengroßen Turms. Unten war er breit und fest, damit viele, viele Stockwerke auf ihm Platz haben konnten. Höher und höher wuchs er, Stockwerk auf Stockwerk. Die Menschen arbeiteten Tag und Nacht, sie waren be-

41

sessen von ihrer Idee, und jeder träumte davon, sich durch seinen Eifer besonders hervorzutun und von den Herrschern mit Ämtern und Reichtümern belohnt zu werden.

Gott missfiel das Treiben der Menschen. Sie waren erfindungsreich – aber statt ihren Verstand für sinnvolle Erfindungen zu verwenden, verschwendeten sie ihre Energie an so unsinnige Dinge wie den Bau dieses Turms.

„Sie sind doch schon die mächtigsten und schlauesten Wesen der Schöpfung – was wollen sie mehr? Hört denn das nie auf?" Gott ärgerte sich sehr – erinnerte sich aber an das Versprechen mit dem Regenbogen. Nein, eine zerstörerische Flut sollte es nicht mehr geben, nie wieder. Aber irgendetwas musste geschehen, um den Menschen Einhalt zu gebieten.

Da hatte Gott eine Idee und erfand ganz viele neue Sprachen, fast so viele verschiedene wie die Zahl der Menschen, die an dem Turm bauten. Damit verwirrte Gott die Menschen und gab jedem eine eigene, neue Sprache.

Eben noch konnten sich alle verstehen, nun aber redeten manche in dieser, andere in jener Sprache. Viele Hundert Sprachen gab Gott den Menschen. Und das war ein Problem für die Menschen, denn nun konnten sie sich nicht mehr verständigen. Die Baumeister konnten den Arbeitern nicht mehr sagen, was sie zu tun hatten, die Ziegelbrenner verstanden die Fahrer der Ochsenkarren nicht mehr, die Mächtigen konnten den kleinen Leuten keine Befehle mehr erteilen. Den Turm konnten sie so nicht weiterbauen. Es gab Streit zwischen den Menschen, und so beschlossen diejenigen, die dieselbe Sprache redeten, sich zusammenzutun und fortzugehen, um an einem neuen Ort eine eigene Stadt zu gründen.

So kam es, dass auf der ganzen Welt viele unterschiedliche Sprachen gesprochen wurden. Leider nahmen die Menschen aber auch ihren Hochmut und ihre Gier nach Macht mit und lebten auch in ihren neuen Städten und Ländern in Unfrieden und Angst. Der mächtige Turm aber wurde nie zu Ende gebaut, und die Stadt, die von ihren Bewohnern nun Babel genannt wurde, das bedeutet: Verwirrung, sie verging mit der Zeit wie alles Menschenwerk. Sie zerfiel, und in den Ruinen wohnten die wilden Tiere.

Josef und seine Brüder

Genesis 37,1–36; 39,1–46,30

Jakob aus dem Land Kanaan hatte mit seinen vier Frauen, die er im Laufe seines langen Lebens heiratete, insgesamt zwölf Söhne. Ruben, Simeon, Levi, Juda, Issachar und Sebulon waren Kinder mit Lea. Bilhas hieß die Mutter von Dan und Naftali. Silpas war der Name der Mutter von Gad und Ascher. Rahel, die Frau, die Jakob am meistens geliebt hatte, gebar Josef und Benjamin. Diese beiden hatte Jakob ebenfalls besonders lieb. Rahel starb nach der Geburt des Jüngsten, Benjamin. Jakob war oft traurig, dass sie nicht mehr lebte.

Benjamin musste als Jüngster gar nicht arbeiten, und Josef verrichtete nur leichte Aufgaben. Er hatte stets die schönsten Gewänder an, war immer sauber, gepflegt und lernte Lesen und Schreiben. Während die zehn Brüder einsahen, dass Benjamin zu jung für die Arbeit war, waren sie oft wütend darüber, dass Josef sich nie die Finger schmutzig machen musste.

Josef brachte seinen Brüdern, die Schafe und Ziegen hüteten oder die Feldarbeit verrichteten, das Essen. Dann setzte er sich eine Weile in den Schatten und schaute ihnen bei der Arbeit zu, meist schlief er sogar ein und ging, wenn ihm langweilig wurde, wieder nach Hause. Das ärgerte die Brüder täglich mehr.

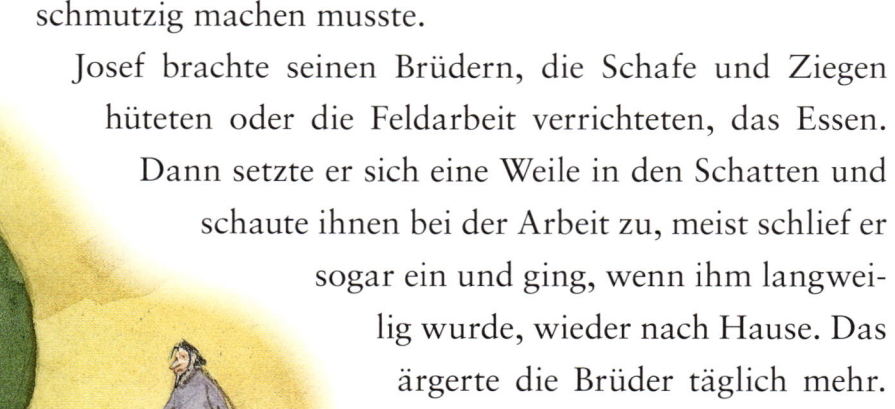

„Der hat ein Leben! Wenn ich nur mal eine Woche so leben könnte wie Josef, wäre ich schon glücklich. Wir müssen immer arbeiten, haben nie frei. Aber ihn lässt Vater machen, was er will! Er stolziert hier herum und tut so, als sei er etwas Besseres!", schimpfte Levi.

Die anderen stimmten ihm zu.

„Seid still!", herrschte sie Ruben an. Er war der Älteste. Er konnte sie zwar verstehen, duldete aber keinen Streit unter seinen Geschwistern. „Vater wird schon wissen, warum er so entschieden hat. Seid nicht neidisch, sondern freut euch, dass wir anderen zusammen sind, uns die Arbeit teilen und immer gut zu essen haben."

Manche Brüder beschwerten sich hin und wieder bei ihrem Vater: Josef sei faul und nachlässig, frech und stolz, würde manchmal über sie lachen, wenn er ihnen bei der Arbeit zusah. Jakob ermahnte Josef oft, er möge seine Brüder nicht ärgern oder hochmütig sein. Denn natürlich hatte er auch seine anderen Söhne lieb.

Eines Tages kam Josef zu seinen Brüdern und sagte: „Hört her, ich hatte heute Nacht zwei Träume! Der erste war so: Ich war mit euch auf dem Feld, um Getreide zu ernten. Wir haben die Halme mit den Ähren zu großen Bündeln zusammengebunden, um sie nach Hause zu transportieren. Auf einmal haben sich alle eure Bündel vor meinem verbeugt. Und der andere war beinahe ähnlich: Ich träumte, dass neben der Sonne und dem Mond zwölf Sterne am Himmel leuchteten. Und elf davon verbeugten sich vor dem zwölften Stern. Ich glaube, Gott hat mir diese Träume geschickt – ich verstehe sie so:

Ihr werdet euch eines Tages vor mir in großer Ehrfurcht verbeugen! Sind das nicht seltsame Träume?"

„Jetzt reicht es mir aber! Was bildest du dir eigentlich ein?", schrie daraufhin Naftali. „Ich kann deinen Hochmut nicht länger ertragen. Wenn du einer von uns wärst, würdest du mit uns arbeiten, anstatt dummes Zeug zu träumen. Schäm dich, deine Brüder so zu beleidigen!"

Ruben ging wie üblich dazwischen: „Hört auf zu streiten! Was kann Josef für seine Träume?"

„Ja, ja … du hältst immer zu diesem Taugenichts, das kennen wir schon!", schimpfte Gad.

„Genau, wir anderen aber haben die Nase voll von Josef, ob es dir gefällt oder nicht!", stimmte Simeon zornig zu.

Es gab einen Streit und eine Schubserei unter den Brüdern.

„Am besten wäre es, wenn Josef weg wäre! Warum hat ihn bloß noch kein wildes Tier gefressen? Dann wären wir ihn los!", brüllte Sebulon.

„Na, vielleicht können wir ein bisschen nachhelfen, damit der feine Herr Josef heute Abend nicht nach Hause kommt und in seinem Bett neuen Unsinn träumt!", rief Ascher.

„Was habt ihr vor?", fragte Ruben zornig und stellte sich schützend vor Josef. So hatte er seine Brüder noch nie erlebt.

„Aus dem Weg, Ruben, nun ist es aus mit Josef. Er hat uns lange genug geärgert!"

„Wenn ihr ihn töten wollt, müsst ihr mich auch töten!", sagte Ruben mit fester Stimme.

Doch seine Brüder waren fest entschlossen.

Da hatte Ruben eine Idee, um Josefs Leben zu schützen: „Gut, Brüder. Vielleicht sollten wir ihm eine Lektion erteilen. Die Zisterne, der Brunnen dahinten, an dem wir früher immer unsere Tiere getränkt haben. Sie ist schon lange ausgetrocknet. Da könnten wir ihn hineinwerfen und eine Weile schmoren lassen. Das wird ihm eine Lehre sein! Bitte, Brüder, schont sein Leben!"

Die Brüder stimmten zu – denn eigentlich wollte niemand schuld am Tod Josefs sein. Also zogen sie Josef sein Gewand aus und warfen ihn hinab in die ausgetrocknete Zisterne. Josef jammerte und schrie, weinte und flehte, aber es half nichts – die Brüder standen oben und sahen in die Dunkelheit des Brunnens hinab. Jetzt lachten und spotteten sie über ihn. Ruben indes fasste den Plan, Josef in der Nacht aus der Zisterne zu befreien und ihm ordentlich ins Gewissen zu reden. Er war sich sicher, dass Josef sich danach bessern würde.

„An die Arbeit!", rief Ruben – und sie gingen fort von der Zisterne und ließen Josef allein.

Der fror in dem dunklen Loch, er hatte Angst. Seine Glieder taten ihm weh, er hatte sich ein paar Verletzungen beim Absturz zugezogen. Und er wusste nicht, was nun aus ihm werden sollte. Er weinte und bereute, dass er seinen Brüdern von den Träumen erzählt hatte.

Sie hatten sicher etwas zu bedeuten – was, das wusste er selbst nicht.

Als die Brüder eine Pause machten, ging Ruben allein zur Zisterne, um Josef zu sagen, er würde ihn befreien, wenn die Dunkelheit hereinbrach. Die anderen saßen zusammen und aßen.

„Jetzt tröstet Ruben den Angeber bestimmt! Nein, wirklich – Josef muss weg. Der wird sich nie ändern!"

Juda sprang auf, er hatte eine Karawane entdeckt, die heranzog.

„Seht! Kaufleute! Warum verkaufen wir Josef nicht einfach? Für so einen gebildeten Sklaven dürften wir eine ordentliche Summe Geld bekommen!"

Die anderen Brüder lachten und waren begeistert – endlich ein Weg, Josef loszuwerden, ohne ihn zu töten. Zudem würden sie noch Geld verdienen! Sie rannten zur Zisterne, von der Ruben gerade zurückkam. Er ahnte, dass die Brüder etwas vorhatten, denn sie trugen Ziegenstricke bei sich.

„Was wollt ihr tun?", fragte Ruben ängstlich, denn allein gegen die neun hatte er keine Chance.

Juda erzählte Ruben von ihrem Plan – Ruben war nicht einverstanden. Wieder gab es Streit, doch Ruben musste einsehen, dass er Josefs Leben nur retten konnte, indem er zustimmte.

Als die Kaufleute da waren, holten sie Josef aus der Zisterne. Sie banden ihm die Hände auf den Rücken, und die Kaufleute musterten Josef.

„Ein bisschen dünn und schmächtig ist er ja, ob der überhaupt arbeiten kann? Nun ja, wenn er wirklich schreiben kann … sagen wir 15 Silberstücke!", schlugen die Kaufleute vor.

„Was", rief Issachar, „nur 15? Niemals – 25 Silberstücke, mindestens!"

„25? Behaltet eure halbe Portion! Für 25 Silberstücke kriegen wir zwei von der Sorte!", lachten die Kaufleute und wollten schon gehen, als Levi eilig rief:

„Wartet! 20 Silberstücke – das ist unser letztes Angebot!"

Die Kaufleute überlegten, nickten – der Handel war gemacht. Der gefesselte Josef wurde auf ein Kamel gebunden, und die Karawane zog davon. Noch lange hörte man ihn in der Ferne jammern und weinen. Ruben brach fast das Herz, die anderen aber teilten lachend das Geld untereinander auf.

„Wie wollt ihr unserem armen Vater erklären, wo sein geliebter Josef geblieben ist?", fragte Ruben bitter.

„Das haben wir schon bedacht. Wir werden sein Gewand in Ziegenblut tauchen und in Fetzen reißen, damit es so aussieht, als habe ein Löwe Josef gefressen!"

Ruben schwieg. Er wollte nicht noch mehr Streit. Es war besser, dass der Vater nicht die Wahrheit erfuhr – es bräche ihm sein Herz, dass er so hartherzige Söhne großgezogen hatte. Davon würde Josef auch nicht wieder zurückkommen. Ihn würden sie nie wieder finden, denn wohin die Kaufleute zogen, wusste niemand von ihnen.

Als der Vater hörte, dass ein Löwe Josef gefressen hätte, und er das zerrissene, blutgetränkte Gewand in den Händen hielt, begann er bitterlich zu weinen. Die Brüder waren nun entsetzt, wie sehr den

Vater der Verlust des Josef schmerzte – Jakob ließ sich nicht beruhigen. Er weinte tagelang, aß nicht, sprach kein Wort. Die Brüder, besonders aber Ruben, hatten ein fürchterlich schlechtes Gewissen! Aber nun war es zu spät.

Jahre später kam eine Hungersnot über das Land Kanaan. Die Ernten waren schlecht gewesen, und nirgends im Land konnte man mehr Getreide kaufen. So schickte Jakob seine Söhne ins Nachbarland Ägypten, um dort Korn zu kaufen, denn in Ägypten war die Ernte gut gewesen. Nur Benjamin sollte bei Jakob bleiben, denn es war eine lange, gefährliche Reise.

Die Brüder mussten lange mit ihren Lasttieren durch die Wüste ziehen, bis sie endlich in Ägypten ankamen. Dort wurden sie vor einen hohen Beamten gebracht. Der Beamte war vom Pharao beauftragt, die überschüssige Ernte zu verkaufen. Was die Brüder aber nicht wussten: Dieser hohe Beamte war Josef – er erkannte seine Brüder sofort, sein Herz hüpfte vor Freude, doch ließ er sich nichts anmerken. Die Karawane hatte Josef damals nach Ägypten gebracht, dort verkauften sie ihn als Sklaven an den Pharao. Als Josef dann – vor vielen Jahren – als Einziger die Träume des Pharaos deuten konnte, war der Pharao so dankbar, dass er Josef ein hohes Amt in seinem Staat anvertraute. Josef war nun kein Sklave mehr, sondern ein reicher, geachteter Mann.

Die Brüder aber erkannten Josef nicht. Er hatte sich sehr verändert und in den Gewändern eines Beamten des Pharaos sah er noch fremder aus. Außerdem schauten sie alle demütig zu Boden, denn sie kamen als Bittsteller und schämten sich auch, dass sie nicht mehr durch die Arbeit ihrer Hände satt wurden, sondern die Ägypter um Getreide bitten mussten. Sie verbeugten sich vor Josef, ganz so, wie er es Jahre zuvor geträumt hatte.

Josef fragte herrisch: „Wer seid ihr? Woher kommt ihr?"

„Hoher Herr, du sprichst nicht nur ägyptisch, sondern auch unsere Sprache? Wie gebildet du bist! Wir kommen aus Kanaan und bitten, Getreide kaufen zu dürfen. Die Ernte war schlecht, unsere Familie hungert!"

„Aus Kanaan? Das Land der Diebe und Betrüger, ich kenne es gut! Sicher seid ihr Spione! Ihr gehört ins Gefängnis!", antwortete Josef hart.

Die Brüder erschraken.

„Nein, hoher Herr, wir sind ehrliche Männer! Wir sind alle Brüder!"

„So, Brüder seid ihr? Zehn Brüder?"

„Eigentlich zwölf. Der Jüngste ist beim Vater geblieben und einer … einer ist … einer ist schon gestorben!", erwiderte Juda.

„Das ist sicher eine Lüge, so wie du stotterst!"

„Nein, warum sollten wir lügen? Zu Hause wartet unser Vater mit dem Jüngsten! Bitte, hoher Herr. Wir haben Geld. Verkauf uns Getreide, damit wir wieder Brot backen können", sagte Ruben mit zitternder Stimme.

„Nun denn", erwiderte Josef, „kauft für euer Geld unser Getreide und zieht zurück nach Kanaan. Aber wenn ihr eurer Familie das

Getreide gebracht habt, kommt ihr zurück – mit eurem jüngsten Bruder. Dann werde ich ja sehen, ob ihr wirklich ehrliche Männer seid! Einer von euch wird hierbleiben, damit ich auch sicher sein kann, dass ihr zurückkommt. Wenn ihr es nicht tut, wird er sterben!"

Josef zeigte auf Simeon. „Du bleibst hier, bis deine Brüder zurückkommen!"

„Bitte, gütiger, hoher Herr, vertrau uns und lass uns alle ziehen!", flehten die Brüder.

„Nichts da", sagte Josef hart und kalt. „So wird es gemacht – oder ihr geht alle ins Gefängnis, und niemand bringt Getreide nach Kanaan!"

Große Bestürzung befiel die Brüder und sie berieten, was sie tun sollten. Sie diskutierten leise, ob sie zustimmen konnten – und was wohl der Vater sagen würde, wenn sie nun wieder ohne einen Bruder nach Hause kämen.

„Das geschieht uns recht", sagte Sebulon leise. „Nun geht es uns wie damals unserem Bruder, dessen Flehen und Bitten wir nicht erhört haben!"

Alle nickten traurig.

Als Josef sie so sah, drehte er sich um, damit seine Brüder nicht sehen konnten, dass er Tränen in den Augen hatte. Die Brüder stimmten zu, Simeon blieb und ging ins Verlies. Die Brüder zahlten mit Silbergeld, bekamen Getreide und zogen eilig davon. Sie wollten Simeon so schnell wie möglich befreien.

Auf dem Heimweg machten sie eine Rast und öffneten einen Getreidesack, um die Tiere zu füttern. Da fand Ruben das Geld, mit dem sie bezahlt hatten. Josef hatte es heimlich in den Getreidesack legen lassen. Sie konnten sich nicht erklären, wie das Geld dort hineingekommen war, und fürchteten, dass sie jetzt vielleicht des Diebstahls beschuldigt würden, wenn sie zurück nach Ägypten kamen. An diesem Abend mochten sie gar nichts essen, sie fühlten sich schlecht und waren in großer Sorge. Wenn der Beamte des Pharaos das merken würde – was täte er wohl mit Simeon?

Dem Vater berichteten sie genau, was passiert war und dass sie noch einmal nach Ägypten müssten – mit Benjamin –, um Simeon auszulösen. Doch Jakob wollte Benjamin nicht gehen lassen. Dieser ägyptische Beamte schien hart und böse zu sein.

Benjamin war aber kein Kind mehr und sagte zu Jakob: „Lieber Vater, lass mich gehen. Wir kommen alle wieder, mit Simeon, das verspreche ich dir!"

Und so zogen sie am nächsten Tag wieder zurück nach Ägypten. Sie nahmen das Geld mit, das sie im Sack gefunden hatten, und noch mehr Geld für weiteres Getreide.

Als sie am Hof des Pharaos ankamen, erkannte Josef schon von Weitem, dass Benjamin sie begleitete. Eilig befahl er seinen Wachen, die Brüder in sein Haus bringen zu lassen. Die Brüder bekamen es mit der Angst zu tun: Sicher würde der mächtige Ägypter sie nun wegen des Geldes zur Rechenschaft ziehen – und sie wussten nicht, wie sie sich glaubhaft verteidigen sollten. Die Hausdiener wies Josef an, für die Fremden den Tisch zu decken, um mit ihnen zu essen. Das wunderte die Diener, aber sie taten es. Und auch die Brüder wunderten sich, denn die Diener setzten sie genau so, wie sie auch zu Hause an Jakobs Tisch saßen: Ruben oben an der Seite des Tisches, alle anderen Brüder in der Reihenfolge ihrer Geburt, zuletzt Benjamin. Auch

Simeon war wieder bei ihnen, es ging ihm gut. Alle waren froh, ihn wiederzusehen.

Josef betrat den Raum, ließ die Teller füllen und sie aßen zusammen. Immer noch erkannten sie Josef nicht, sie verstanden nicht, was vor sich ging. Nach dem Essen befahl Josef den Dienern, die Säcke der Brüder zu füllen – das Geld ließ er wieder dazulegen. In Benjamins Sack schob er heimlich auch noch seinen silbernen Becher. Dann verabschiedete er alle Brüder, die erleichtert gingen. Nach einer Weile schickte Josef Soldaten hinter den Brüdern her, ließ sie anhalten und durchsuchen. Die Soldaten fanden den Becher bei Benjamin, der sich das nicht erklären konnte und fassungslos war, und wollten ihn mitnehmen zu Josef. Da sprang Juda dazwischen und sagte: „Nein! Nehmt mich, ich habe das zu verantworten! Wenn wir ohne den Jüngsten nach Hause kommen, wird unser Vater vor Kummer sterben!"

Die Soldaten aber wollten Benjamin – niemand anderen. So gingen alle Brüder zurück zu Josef, fielen vor ihm auf die Knie und baten ihn, Benjamin nicht festzuhalten – jeder wollte als Sklave bleiben, damit Benjamin zu Jakob zurückkehren könnte.

Da konnte Josef sich nicht mehr zurückhalten. Er schickte alle Diener und Wachen fort und war mit seinen Brüdern allein.

„Ich bin es, Josef – euer Bruder, den ihr verkauft habt", sagte er unter Tränen. „Erkennt ihr mich nicht?"

Die Brüder stürzten zu Boden und waren bleich vor Überraschung und Scham!

„Josef! Du?", riefen sie immerzu. Und Josef erzählte seine Geschichte. Danach umarmten sich alle und weinten vor Glück – so froh waren sie, sich wiederzuhaben. Am nächsten Tag zogen die Brüder zurück nach Kanaan, um Jakob zu holen – er konnte die Geschichte kaum glauben und wollte Josef mit eigenen Augen sehen. So machte sich die Familie ein weiteres Mal auf nach Ägypten, obwohl Jakob schon sehr alt war und die Reise ihn anstrengte. Als Jakob seinen Josef in die Arme schloss, sagte er: „Gott erweist mir große Gnade – nun kann ich als glücklicher Mann sterben!"

Mose und die Zehn Gebote

Exodus 2,1–3,12; 5,1–19; 7,1–11,10; 13,17–14,31;
15,22–17,16; 19,1–20,17

Mose hatte ein langes, ereignisreiches und spannendes Leben – nicht ohne Gefahren und Schwierigkeiten. Er gehörte zum Volk Israel. Die Nachbarn Israels, die Ägypter, waren ein mächtiges Volk. Sie hatten in einem Krieg die Israeliten besiegt und viele von den Israeliten als Sklaven nach Ägypten verschleppt. Dort mussten sie hart für die Ägypter arbeiten, litten Not und hatten ein schweres Leben. Auch die Eltern von Mose waren Sklaven in Ägypten. Weil sie aber ihrem Kind ein besseres Leben ermöglichen wollten, hatte die Mutter von Mose eine Idee: Sie setzte den kleinen Jungen kurz nach seiner Geburt in einem Weidekörbchen in den Nil. Sie tat das an einer Stelle, von der sie wusste, dass dort jeden Tag die Tochter des Pharaos zum Wasser kam. Sie hoffte, dass diese das kleine Kind retten würde – und genau so geschah es.

So kam es, dass Mose zunächst wie ein Prinz am Hof des Pharaos von Ägypten aufwuchs. Als erwachsener Mann aber hatte er Streit mit einem ägyptischen Sklavenaufseher, der einen von Moses Landleuten verprügelte. Mose hatte den Ägypter im Zorn erschlagen und musste aus Ägypten fliehen. Er ließ sich als Schafhirte in einem Nachbarland nieder.

Eines Tages, Mose war gerade beim Schafehüten, erschien ihm Gott.

Gott wollte das Volk Israel befreien und beauftragte Mose, zurück nach Ägypten zu gehen. Er sollte dem ägyptischen König, dem Pharao, sagen: „Lass mein Volk frei! Gott will es so." Mose sollte das Volk Israel dann aus Ägypten herausführen.

Mose hatte große Angst, das war keine leichte Sache, die Gott von ihm verlangte. Aber er gehorchte und ging zum Pharao. Doch der dachte gar nicht daran, seine israelitischen Sklaven ziehen zu lassen. Im Gegenteil: Er erschwerte den Israeliten die Arbeit noch mehr, gab ihnen weniger zu essen und quälte sie noch schlimmer, um Mose zu zeigen, dass er mächtig war und sich nichts befehlen ließ. Von keinem Menschen – und schon gar nicht von einem fremden Gott, an den er ohnehin nicht glaubte.

Gott sagte zu Moses: „Geh noch mal zum Pharao. Wenn er euch nicht ziehen lässt, werde ich Plagen über das Land schicken, die den Ägyptern große Not bringen – sag ihm das!"

Mose tat es – aber der Pharao blieb hart. So kamen schlimme Plagen über das Land: Das Wasser wurde ungenießbar und die Ägypter litten großen Durst. Überall hüpften plötzlich Tausende von Fröschen durch das Land, es kamen Schwärme von Stechmücken, das Vieh wurde krank – und schließlich auch die Menschen. Der Pharao glaubte Mose aber nicht, dass Gott die Plagen geschickt hatte – er lachte Mose aus und sagte: „So, so, dein Gott schickt uns die Plagen. Ist dein Gott ein Zauberer? Nein, du Narr, mit deinem Gott hat das nichts zu tun. Das sind Zufälle. Und nun verschwinde, bevor ich dich einsperren lasse!"

61

Als dann aber wenig später aus jeder Familie des Landes Menschen starben, auch einige aus der Familie des Pharaos, bekam er es mit der Angst zu tun. Schließlich willigte er ein und ließ die Israeliten ziehen. Mose führte das Volk auf dem Weg durch die ägyptische Wüste. Es war ein langer und schwieriger Marsch, den die vielen Menschen vor sich hatten – Wagen hatten sie nicht, jeder Meter musste zu Fuß gegangen werden. Es war weit bis ins Land der Israeliten.

Nach ein paar Tagen bereute der Pharao, dass er seine Sklaven freigelassen hatte. Er befahl seinen Soldaten, ihnen nachzujagen und sie wieder einzufangen. Die Israeliten machten gerade am Ufer des Roten Meeres Rast. Sie überlegten, wie sie auf die andere Seite kommen sollten, denn das Meer war zwar nicht sehr breit, an dieser Stelle auch nicht sehr tief – aber zu tief, um sicher hinüberzukommen. Boote hatten sie nicht, um das Meer herumlaufen war zu weit. Es herrschte große Ratlosigkeit und Sorge, wie es weitergehen sollte. Und ausgerechnet an dieser Stelle kam die Armee des Pharaos auf sie zu. Die Israeliten sahen in der Ferne den Staub von Reitern und Wagen aufwirbeln. Die Streitmacht des Pharaos würde sie bald eingeholt haben. Sie saßen in der Falle – vor ihnen das Rote Meer, hinter ihnen die Soldaten. Alles schien völlig aussichtslos.

Mose bat Gott um Hilfe, betete und flehte, Gott möge sie nun nicht im Stich lassen. Da kam ein großer Wind auf und drückte das Wasser fort, sodass die Israeliten trockenen Fußes ans andere Ufer des Roten Meeres gehen konnten. Die ägyptischen Soldaten trauten ihren Augen nicht und wollten sie nicht entkommen lassen. Also jagten sie hinter den Israeliten her. Die waren auf der anderen Seite angekommen, als die Soldaten schon fast in der Mitte des Roten Meeres waren. Da kam plötzlich das Wasser zurück. Panik ergriff die Soldaten, viele drehten um und versuchten, das rettende Ufer zu erreichen. Viele aber jagten auch den Israeliten nach in der Hoffnung, doch noch drüben anzukommen und sie zu fangen – und sie ertranken.

Die Israeliten waren nun vorerst gerettet – aber immer noch lag ein sehr weiter, entbehrungsreicher Weg vor ihnen. Die alten Großväter und Großmütter waren schon erschöpft von der Reise, sie konnten nicht so schnell gehen, mussten oft eine Pause machen. So schafften sie natürlich keine weiten Strecken an einem Tag. Die Jungen, Kräftigen mussten Rücksicht nehmen und langsamer gehen – darum gab es oft Streit. Die einen wollten schneller gehen, die anderen baten um mehr Pausen. Auch die kleinen Kinder konnten nicht den ganzen Weg getragen werden, ihre Mütter und Väter mussten Vorräte tragen, dazu Zelte und Decken, denn nachts war es sehr kalt in der Wüste. Wenn die Kinder schon laufen konnten, mussten sich ihre kleinen Beine auch durch den heißen Wüstensand kämpfen. Am schlimmsten aber war für alle der Durst. In der Wüste gibt es kaum Wasser, die Sonne brennt tagsüber heiß vom Himmel. So hatten die Menschen am Tag unter Durst und Hitze zu leiden und nachts konnten sie oft vor Kälte nicht schlafen. Es gab wilde Tiere, vor denen man sich in Acht nehmen musste, manchmal wurden sie auch von den Wüstenbewohnern überfallen.

Oft schimpften die Israeliten und manche sagten sogar: „Wären wir bloß in Ägypten geblieben – da mussten wir zwar arbeiten, aber hatten Essen und einen Platz zum Schlafen!"

Täglich murrten sie gegen Mose, der sie anführte. Sie meinten, er wähle die falschen Wege, es würde alles zu lange dauern und er sei schuld, wenn das ganze Volk in der Wüste sterben müsse. Einige stachelten die Menge auf, indem sie sagten: „Glaubt ihr noch daran, dass Gott mit uns ist und uns begleitet? Mose hat sich vielleicht alles nur ausgedacht. Vielleicht gibt es Gott gar nicht!"

Auch Mose zweifelte manchmal, ob er die Reise mit den Menschen wirklich schaffen könnte – dann musste Gott ihm Mut zusprechen. Und so gestärkt sprach Mose den Menschen, die er anführte, seinerseits Mut zu.

Gott half den Israeliten oft. Mose fand durch Gottes Hilfe verborgene Wasserquellen, und manchmal entdeckten sie unerwartet mehr Nahrung, als sie an einem Tag essen konnten. Dann waren die Israeliten wieder zuversichtlich und manche schämten sich dafür, dass sie so viel gemeckert hatten. Aber kaum kamen mal wieder ein paar schwere Tage, fingen sie wieder an zu klagen. Und jeder neidete dem anderen, was jener hatte, sie bestahlen sich gegenseitig – niemand war zufrieden. Obwohl es für alle eine schwierige Situation war, arbeiteten sie oft nicht zusammen, was die beschwerliche Reise für alle einfacher gemacht hätte.

Nach drei Monaten kamen sie an den Berg Sinai. Am Fuße des Berges schlugen die Israeliten ihr Lager auf. Hier sprach Gott zu Mose: „Bis hierher habe ich euch begleitet. Hier seid ihr sicher vor den Ägyptern und könnt ausruhen. In zwei Tagen werde ich euch meine

Gebote verkünden und wir wollen einen Bund schließen. Bereitet euch vor, es soll ein Fest werden."

Als der Tag gekommen war, hüllte eine Wolke den Berg ein, es blitzte und donnerte. Die Menschen erschraken, aber Mose beruhigte sie – und plötzlich hörten sie die Stimme Gottes aus der Wolke zu ihnen sprechen:

„Höre, Israel, ich bin euer Gott. Ich habe euch befreit aus der Sklaverei. Ihr seid Fremde gewesen, ihr ward schutzlos und man hat euch schlecht behandelt. Achtet also darauf, dass ihr Fremde und alle Menschen, die Schutz brauchen, gut und freundlich behandelt. Helft ihnen, wie ich euch geholfen habe. Seid ihre Freunde, wie ich euer Freund bin. Hört meine Gebote, die euch ein friedliches und schönes Zusammenleben schenken, wenn ihr sie befolgt. Ich sage jedem Einzelnen:

(1) Ich bin der lebendige Gott, der Schöpfer des Lebens, die Quelle der Liebe – du bist mein Geschöpf. Darum sage ich dir: Vertrau mir! Keine Macht, kein Reichtum, kein Besitz und keine Idee wird dich durch das Leben tragen, wie ich es kann! Vergiss mich nicht. Bleib mir treu, so wie ich dir treu bleibe!

(2) Sei achtsam und liebevoll mit mir und meinem Namen. Nenne mich nicht in einem Atemzug mit Dingen, die nichts mit mir zu tun haben. Fluche nicht in meinem Namen, rede und handle nicht schlecht in meinem Namen – denn ich bin Liebe, Güte und Barmherzigkeit!

(3) Halte Maß, achte die Schöpfung und ihre Ordnung. Denk nicht nur an Arbeit, Lohn und Geschäft. Du sollst – wie ich bei der Schöpfung – nur sechs Tage arbeiten. Am siebten sollst du ausruhen und an

mich denken. Denn ich habe dir Leben und Liebe geschenkt. Sei dankbar, es gibt keine wertvolleren, schöneren Geschenke!

(4) Achte deine Mutter und deinen Vater, die dich beschützten, versorgten und kleideten, als du klein und hilflos warst. Kümmere dich um sie, wenn sie alt werden und deinen Schutz und deine Fürsorge brauchen. So lebst du in guter Gemeinschaft.

(5) Du sollst nicht töten! Wer das Leben von mir geschenkt bekommt, dem soll es durch dich nicht genommen werden. Jeder ist mein geliebtes Kind – auch wenn er dich stört. Respektiere und achte deine Mitmenschen, lebe friedlich und fürsorglich mit ihnen.

(6) Zerstöre keine Beziehungen, weil du neidisch bist oder jemanden für dich haben willst. Respektiere die Bindungen zwischen anderen Menschen. Freu dich, wenn Menschen in Liebe und Glück miteinander leben.

(7) Nimm anderen Menschen nichts weg, was ihnen gehört! Achte das Eigentum eines jeden Menschen, so wie du möchtest, dass dein Eigentum geachtet wird. Teilt miteinander, damit keine Not entsteht, die Menschen in Versuchung führt.

(8) Sage die Wahrheit! Belüge niemanden, um ihn zu beeindrucken, um deinen Vorteil davon zu haben, um dein eigenes Fehlverhalten zu verschleiern oder um dich aus der Verantwortung zu stehlen. Sei offen und ehrlich zu deinen Mitmenschen.

(9) Mache niemandem sein Haus und seine Heimat streitig! Bemühe dich um friedliche Nachbarschaft. Teile und arbeite zusammen, damit alle einen Platz haben, wo sie gut und sicher leben können – denn das wünscht sich jeder Mensch.

(10) Sei nicht neidisch auf das, was andere Menschen genießen und

besitzen. Neid ist ein Übel, bringt Unfrieden in dein Herz und Streit unter euch. Achte die Werte, die jemand besitzt, freue dich über seine Freundschaften, seine Beziehungen und Familienbande, über seine Gaben und Talente und über alles, was ihn besonders macht.

Jeder soll meine Gebote befolgen, damit ihr in guter Gemeinschaft ein schönes, friedvolles Leben genießen könnt – denn ich, euer Gott, habe genug von allem für alle geschaffen!"

Damit keiner die Gebote vergessen sollte, schrieb Mose sie auf große, steinerne Tafeln. Mit diesen Geboten für ein gutes Zusammenleben zogen die Israeliten weiter bis in das Land, in dem sie früher zu Hause waren. Mose war ihr verantwortungsvoller und hilfreicher Anführer. Alle im Volk merkten schnell, dass Gott recht hatte: Ihre Gemeinschaft war friedlich und erfüllt, wenn sie nach den Geboten lebten – und es gab Streit und Unfrieden, wenn sie die Gebote missachteten. So ist es bis heute!

David und Goliat

1 Samuel 17,1–58

David war ein Hirtenjunge. Er hütete die Schafe. Es waren nicht seine Schafe, die er auf saftige Weiden oder an den Fluss zum Tränken trieb, die er nachts vor wilden Tieren schützte oder denen er bei der Geburt der kleinen Lämmer half. Es waren die Schafe reicher Bauern, die ihm anvertraut waren. Doch David kümmerte sich um die Tiere, als wären es seine eigenen. Darum war er als Hirte beliebt. Abends saß er am Feuer und spielte Harfe. Das konnte er gut und es war ihm so, als mochten die Schafe sein Harfenspiel auch. Jedenfalls schien es wie ein Schlaflied, denn die Schafe wurden still und kuschelten sich aneinander, schlossen die Augen und fühlten sich geborgen, wenn David die Harfe spielte.

König Saul war ein Mann, der sehr oft tieftraurig war. Er war so traurig, dass er manchmal tagelang im Bett blieb und nicht aufstand, nichts aß und kein Wort sprach. Ein Diener des Königs kannte Davids Talent auf der Harfe und schlug vor, dass man David in den Palast holen sollte, damit er dem König vorspielte. Zwar war der König gewiss kein Schaf – aber in seiner tiefen Traurigkeit brauchte er dringend Aufmunterung, Geborgenheit und Trost. Warum sollte man es also nicht versuchen? Also wurde David an den Königshof geholt.

70

Und wirklich: David hatte Erfolg. Wann immer Saul schwermütig und traurig wurde, spielte David auf der Harfe für ihn. Schöne Lieder, zu denen der König weinen musste – und die Tränen wuschen die Traurigkeit aus seinem Herz. Fröhliche Lieder, zu denen der eben noch traurige Saul plötzlich lachen und tanzen musste. Saul war so glücklich, dass David da war und für ihn spielte.

„Deine Musik ist Medizin für mich", lobte ihn Saul, „besser als alles, was Ärzte tun können, um mich zu heilen!"

Der Hirte David wurde des Königs enger Vertrauter und sein Freund. Einmal gab es Krieg zwischen den Israeliten unter König Saul und dem Nachbarvolk, den Philistern. Sauls Soldaten zogen aus, um mit den Philistern zu kämpfen. Auch Davids Brüder zogen in den Krieg. David selbst war noch zu jung – und viel zu klein und schmächtig. Aber er brachte seinen Brüdern manchmal Schafsmilch und Essen ins Feldlager.

Eines Tages fand David das Heer des Königs Saul in großer Angst vor.

„Was ist los mit euch?", fragte er seine Brüder.

„Furchtbar, lieber Bruder, die Philister haben einen unbesiegbaren Riesen, den sie gegen uns in den Kampf schicken. Einen so großen Mann hast du noch nicht gesehen! Er hat eine Rüstung an und einen Speer so dick wie einen Baumstamm. Die Spitze ist so messerscharf, dass man sich damit rasieren kann. Dazu trägt er zwei Schwerter, und auf dem Kopf hat er einen Helm, in dem wir Brüder alle zusammen über den Fluss paddeln könnten!"

„Ihr Aufschneider! Habt ihr Angst vor einem einzigen Mann? Ihr seid doch viele!", entgegnete David.

Kaum hatte David zu Ende gesprochen, da stampfte ein Mann heran, der so groß und kräftig war, wie David noch keinen gesehen hatte. Seine Brüder hatten nicht übertrieben – auch die Bewaffnung des Riesen war furchtbar. Goliat war sein Name – er verhöhnte die Israeliten und ihren Gott. Er spottete über ihr Heer, verlachte die Soldaten wegen ihrer Furcht und stieß üble Beschimpfungen gegen König Saul aus. Doch David ließ sich nicht verängstigen, es machte ihn zornig, wie Goliat gegen Gott und die Israeliten schimpfte – und gegen seinen Freund, den König. Ihn ärgerte auch, dass sich Sauls Soldaten nicht trauten, alle zusammen gegen Goliat vorzugehen.

„Warum lasst ihr euch das gefallen? Stopft dem frechen Kerl doch seinen vorlauten Mund! Was bildet sich dieser Philister ein? Ihr lasst euch einschüchtern, obwohl ihr viel mehr seid als die Armee der Philister. Ihr solltet euren Mut zusammennehmen und dem Kerl zeigen, dass niemand ungestraft Gott, den König und seine Soldaten beleidigt. Dann fliehen auch die Philister, die sich hinter ihm verstecken. Stattdessen verkriecht ihr euch zitternd und hört euch dieses dumme Geschwätz an … schämt euch!"

Da wurden seine Brüder zornig.

„Hirtenbursche, was fällt dir ein, so mit deinen älteren Brüdern zu reden? Werde du erst einmal ein richtiger Mann! Geh zurück zu deinen Schafen und klimpere ihnen auf deiner Harfe ein Schlaflied. Vom Kampf verstehst du so wenig wie ein Fisch vom Fliegen! Willst du uns Feigheit vorwerfen?"

Sie packten ihn und warfen ihn aus dem Heerlager.

David lief wutentbrannt zu König Saul.

„Ich werde gegen Goliat kämpfen!", sagte er entschlossen. „Sag deinen Soldaten, dass ich es mit dem Riesen aufnehme!"

„Wie soll das gelingen, mein lieber David. Du bist ein Hitzkopf. Ein kleiner Hirtenjunge gegen einen, der ein erfahrener Kämpfer ist? Das kommt nicht infrage! Du hättest keine Chance gegen Goliat. Und wer spielt dann meine Traurigkeit fort, wenn der Riese dich getötet hat?"

„Er wird mich nicht töten. Wenn ich Schafe hüte, muss ich manchmal nachts allein gegen Löwen und Bären kämpfen, das ist auch nicht schlimmer als gegen Goliat. Bisher habe ich noch jedes Raubtier erlegt, ohne Schaden zu nehmen. Mein Mut gleicht meine Schwäche aus – und mein Gott ist bei mir, was soll mir da geschehen?"

Schweren Herzens willigte Saul ein, wusste er doch, dass David nicht aufzuhalten war, wenn er sich etwas in den Kopf gesetzt hatte. Aber er wollte für David eine Rüstung anfertigen und ein neues, scharfes Schwert schmieden lassen, damit er wenigstens gut ausgerüstet wäre. Doch David lehnte ab – die Rüstung sei zu schwer, das Schwert nicht die Waffe des Hirten. Er wollte wie immer kämpfen – mit seiner Steinschleuder.

Saul gefror das Blut in den Adern! „David, lieber

Freund – mit einer Steinschleuder? Das ist verrückt! Einen Krieger wie Goliat besiegt man nicht mit einer Steinschleuder – ganz gleich, wie gut du mit ihr umgehen kannst."

Aber David lachte, er hatte keine Angst. „Du vergisst, dass Gott mein Verbündeter ist. Mach dir keine Sorgen!"

Also machte David sich auf in das Heerlager. Auch seine Brüder rauften sich die Haare und wollten ihn nicht gehen lassen! Sie drohten ihm in ihrer Verzweiflung sogar Prügel an, aber es half nichts – David war entschlossen.

Mutig ging er auf die Anhöhe, hinter der die Philister ihr Lager hatten und rief: „Hey, Philister! Habt ihr schon ausgeschlafen? Gibt es da unten bei euch einen Krieger, der sich traut, es mit mir aufzunehmen? Er möge sich zeigen und heraufkommen!" Die Philister schauten auf den Hirtenknaben in seinem Fellkleid und lachten. „Geh nach Hause, Kleiner! Deine Mutter sucht dich sicher schon!"

David blieb stehen und rief: „Goliat, wo bist du? Sonst führst du doch immer freche Reden um diese Zeit. Fällt dir heute nichts ein? Hat dich dein Hochmut verlassen?"

Goliat kam aus dem großen Zelt in der Mitte des Philisterlagers. „Oho!", lachte er. „Jetzt schicken die Israeliten schon halbe Kinder in den Kampf, diese Feiglinge. Meinen wohl, ich hätte Mitleid und würde den Kampf nicht aufnehmen, was? Irrtum! Niemand wagt es ungestraft, mich, Goliat, herauszufordern! Nimm die Beine in die Hand und lauf, frecher Bengel, sonst zerschmettere ich dich!", brüllte Goliat, und sein Gesicht war zornesrot.

David blieb stehen und stemmte die Hände in die Hüften. „Hier bin ich, David, der Hirte. Ich nehme es auf mit dir, Goliat, und ich werde dich lehren, dass niemand Angst und Schrecken über mein Volk bringt, meinen König und meinen Gott verspottet. Aber ich will gnädig sein: Nimm deine Männer und verlass unser Land. Dann wird euch nichts geschehen."

Schallend lachte Goliat: „Na, warte! Gleich ist es aus mit dir!"

Scheppernd marschierte Goliat auf David zu, der Boden bebte von seinen Schritten. Klirrend zog er seine beiden Schwerter und ließ sie durch die Luft surren. Die Israeliten hielten den Atem an, Davids Brüder wendeten sich ab. Sie wollten nicht sehen, wie ihr Bruder von dem Riesen zermalmt würde.

David legte einen Stein in seine Schleuder, schwang sie geschickt über seinem Kopf, und schon zischte der Stein los. Ehe man sich versah, traf der Stein Goliat mitten auf die Stirn. Der Riese blieb stehen, wankte einen Moment und fiel dann wie ein gewaltiger Baum mit einem donnernden Krach zu Boden – und rührte sich nicht mehr. Die Philister standen mit offenen Mündern und großen Augen da. Sie konnten es nicht fassen. So ging es den Israeliten auf der anderen Seite auch. Alle waren wie erstarrt, es war still, und man hörte nur das Zwitschern der Vögel. Dann brach Jubel los auf der Seite der Israeliten, die Brüder Davids rannten zu ihrem Bruder, hoben ihn auf die Schultern und trugen ihn in das Heerlager unter die Jubelnden. Auch die Philister lösten sich aus ihrer Erstarrung – doch sie flohen. Sie ließen alles stehen und liegen und rannten um ihr Leben. David hatte das Unmögliche geschafft: Er hatte den großen, mächtigen Goliat mit Mut und einer Steinschleuder besiegt.

Der weise König Salomon

1 Könige 3,2–28

David, der Hirtenjunge, der Goliat besiegt hatte, wurde später ein großer und wichtiger König. Nach David wurde Salomon König, der ein Sohn Davids war. Und Salomon, der zuerst gar nicht der Nachfolger Davids werden sollte, wurde ebenfalls ein berühmter und großer König – nicht, weil er ein mächtiges Heer hatte und seine Feinde besiegen konnte, nicht, weil er besonders reich und mächtig war.

Salomon war weise. Er hatte Gott um die Gabe der Weisheit gebeten. Gott hatte seine Bitte erhört, wollte aber, dass Salomon seine Weisheit dann zum Wohle seiner Untertanen gebrauchen sollte. Das versprach Salomon. So wurde der König oft gebeten, ein Problem zu lösen, einen Streit zu schlichten, einen Rat zu geben. Und es war wirklich erstaunlich: Salomon konnte selbst in schwierigen Angelegenheiten richtig und vor allem gerecht entscheiden, sodass es immer eine gute Lösung gab. Er schlichtete Streitigkeiten, führte Menschen zueinander, stiftete Versöhnung. Es war zwar nicht so, dass der König sich um jeden Streit in seinem Land selber kümmern konnte – dafür gab es viel zu viele Streitigkeiten, aber da, wo niemand mehr Rat wusste, wo es keine Lösung zu geben schien, schickte man die Menschen zu Salomon.

So auch an dem Tag, als zwei Frauen zu ihm geführt wurden. Schon auf dem Weg zum Königssaal war lautes Geschrei und Schimpfen zu vernehmen. Die Wachen hatten große Mühe, die beiden Frauen davon abzuhalten, eine Prügelei zu beginnen – so wütend waren sie aufeinander. Selbst als sie vor König Salomon standen, hörten sie nicht auf zu streiten und zu schimpfen.

Salomon stand auf und hob die Hände.

„Bitte beruhigt euch. Was ist denn geschehen, dass ihr so zerstritten seid?", rief der König in den Tumult hinein.

Die Frauen verstummten kurz, dann schrie eine der beiden:

„Beruhigen, ich soll mich beruhigen? Wie kann eine Mutter sich beruhigen, wenn eine Diebin ihr das Kind stiehlt?"

„Du lügst!", schrie die andere. „Oh, wie gemein du lügst! Pfui, wie schändlich! Du hast mir mein Kind gestohlen, so herum ist es, freche Lügnerin. Weil dein Kind in dieser Nacht gestorben ist und du dir so sehr ein Kind gewünscht hast. Wie kannst du nur so herzlos und hart sein, ein Kind von seiner Mutter zu trennen? Es ist mein Kind!"

„Dein Kind? Wer hier wohl lügt. Es ist genau anders herum. Dass du dich nicht schämst, vor dem König zu lügen, um dir mein armes Kind zu ergaunern!"

Salomon stieg die drei Stufen von seinem Thron herab und ging zu der ersten Frau. Sie trug ein Kind auf dem Arm, das trotz des Krachs schlief, es war rosig und winzig, es musste erst vor ein paar Stunden geboren worden sein. Salomon legte ihm die Hand auf die Stirn. Es war warm und weich.

Dann ging er zu der zweiten. Auch sie trug ein Neugeborenes auf dem Arm, dieses hing aber schlapp über den Unterarm der Frau. Salomon sah, dass es bleich war, und streichelte dem Kind über den Kopf – es war kalt. Kein Zweifel, dieses Kind war tot.

„Oh bitte, weiser König Salomon, hilf mir, mein Kind wiederzubekommen!", sagte die Frau mit dem toten Kind. „Wir haben heute Nacht beide ein Kind geboren. Ihres aber ist nach der Geburt gestorben. Das ist sehr traurig. Aber sie hat doch nicht das Recht, mir mein Kind wegzunehmen! Im Schlaf hat sie mir ihr totes Kind untergeschoben und sich mein lebendiges genommen! Bitte, König Salomon, schaff Gerechtigkeit! Gib mir mein geliebtes Kind wieder!"

„Glaub ihr nicht, weiser König! Oh, wie kann ein Mensch nur so lügen? Ihr Kind ist gestorben und sie will darum meinen gesunden Jungen haben. Plötzlich stand sie an meinem Bett und schrie: ‚Gib mir mein Kind zurück!' Aber das ist Unrecht. Das Kind ist mein Kind, was kann ich dafür, dass ihres gestorben ist. Sprich Recht, weiser Salomon, und schütze mich und mein Kind vor dieser Lügnerin!"

Eine schlimme Geschichte: Zwei Frauen, die beide ein Kind bekommen, eines stirbt und eines lebt. Beide Frauen behaupten, die Mutter zu sein. Aber nur eine kann die Wahrheit sagen, das war dem König klar. Nur wie sollte er es herausfinden und der richtigen das Kind zusprechen? Salomon setzte sich auf seinen Thron und dachte nach. Dann erhob er sich wieder und sprach: „Ich, der weise König Salomon, werde nun Recht sprechen. Wache, gib mir dein Schwert!"

Die Wache gab dem König ein scharf geschliffenes Schwert, und der König sagte zu der Frau mit dem lebenden Kind: „Tritt zu mir und gib mir das Kind!"

Die Frau tat, was der König gesagt hatte – beide Frauen standen mit großen Augen vor ihm und waren sprachlos. Was hatte Salomon vor? Der König hob das Kind am linken Arm in die Luft und hob den rechten Arm mit dem Schwert.

„Was um Himmels willen hast du vor, Salomon, mein König?", fragte die Frau mit dem toten Kind.

„Ich werde jetzt dieses Kind in der Mitte durchteilen, denn ihr behauptet beide, seine Mutter zu sein. So bekommt jede Mutter ein halbes Kind! Das ist gerecht!"

„Ja, tu es!", rief die Frau, die Salomon das lebendige Kind gegeben hatte. „Das ist gerecht. Das Kind soll weder mir noch ihr gehören, dann haben wir beide kein Kind mehr, und der Streit ist beendet!"

„Nein, nein, tu das nicht, weiser König!", schrie die Frau mit dem toten Kind und fiel weinend zu Boden. „Dann ist ja mein Kind auch tot. Wenn das die Lösung sein soll, so bitte ich dich: Gib mein Kind der anderen, damit es wenigstens am Leben bleibt! Es ist schon traurig genug, dass ein Kind gestorben ist – meines soll leben. Das ist mir lieber, selbst wenn ich es nicht behalten darf!"

Salomon lächelte. Er gab der Wache das Schwert zurück, denn zu keinem Zeitpunkt hatte er vorgehabt, das Kind wirklich zu teilen. Er wollte nur sehen, wie die Frauen reagierten. Salomon nahm der Frau das tote Kind ab und gab ihr das lebendige.

„Du bist die Mutter!", sagte er. „Eine Mutter liebt ihr Kind und wünscht ihm Leben und Gesundheit. Lieber lässt du es einer Fremden, als dass es zu Schaden kommt! Du bist die Mutter!"

Die Frau bedankte sich überglücklich und verließ den Palast.

Der König gab der anderen Frau das tote Kind und sagte: „Ich verstehe deinen Kummer. Er ist so groß, dass dein Herz von Falschheit und Bitterkeit verwirrt ist. Geh und begrabe dein Kind und bete zu Gott!"

81

Die Geschichte von Jona

Jona 1,1–4,11

Bisher war Jona eigentlich immer ein gläubiger Mann gewesen. Er vertraute Gott und war gehorsam. Eigentlich. Und bisher. Doch jetzt würde er nicht tun, was Gott wollte! Den Auftrag, in die Stadt Ninive zu gehen, um dort zu den Menschen zu sprechen, wollte Jona nicht erfüllen. Er wusste, dass in Ninive eine Menge Unrecht passierte, dass dort viele gottlose Menschen lebten, die schlimme Dinge getan hatten – die Stadt hatte weit über die Landesgrenzen hinaus einen sehr schlechten Ruf. Von ihren Bewohnern gab es wenig Erfreuliches zu berichten – wenn man in der Gegend, in der Jona lebte, etwas schlimm fand, sagte man gerne: „Das ist ja wie in Ninive!" Nein, zu denen dort in Ninive wollte er auf keinen Fall. Er fürchtete, dass sie ihm nicht zuhören und sich schon gar nicht ändern würden. Wahrscheinlich würden sie ihn nicht nur auslachen, wenn er von Gottes Zorn über die Menschen in Ninive sprach – wahrscheinlich würde sie ihn verprügeln, einsperren oder sogar töten.

„Soll dorthin gehen, wer will – ich jedenfalls nicht, das steht fest!", dachte Jona heimlich.

Es war ihm nicht wohl dabei, Gottes Auftrag zu missachten. Und er konnte auch nicht einfach so sitzen bleiben und gar nichts tun. Nur was sollte er tun? Er war ratlos. Nach einiger Zeit beschloss er, sich auf die Reise zu machen – aber nicht nach Ninive. Er ging zum Hafen und betrat als Passagier ein Frachtschiff. Welchen Zielhafen es anlief und welchen Kurs es nahm, war im völlig gleichgültig. Nur weg von hier – und nicht nach Ninive. Vom nächsten Hafen würde er dann woanders hinfahren und noch weiter und immer weiter, bis Gott ihn nicht mehr wiederfinden würde. Jona fürchtete sich.

Sie waren drei Tage unterwegs und mitten auf dem Meer. Jona fühlte sich schon deutlich ruhiger und manchmal vergaß er sogar, dass er eigentlich auf der Flucht vor Gott war. Doch am Abend zog ein Unwetter auf. Der Himmel verfinsterte sich lange vor dem Einbruch der Nacht und in der Ferne hörten die Menschen auf dem Schiff ein tiefes Donnergrollen. Auch der Wind frischte auf. Eine Stunde später waren sie mitten in einem gefährlichen Sturm. Das kleine Schiff wurde von den Wellen hin- und hergeworfen, die Segel knackten und rissen von dem starken Wind, der Mast drohte zu brechen. Hohe Wellen schwappten über die Bordwand und alle fürchteten, dass sie untergehen würden.

Der Kapitän rief die Mannschaft zusammen: „Hört mir alle zu. Ich bin schon seit vielen Jahren Kapitän und ich kenne das Wetter. Das hier, das ist kein normaler Sturm. Das ist der Zorn Gottes, der über uns hereingebrochen ist. Ich bin mir sicher, dass hier an Bord jemand ist, der gegen Gottes Gebote verstoßen hat! Und nun werden wir alle bestraft!"

Die Seeleute sahen sich an, keiner war sich irgendeiner Schuld bewusst. Jeder macht mal etwas falsch, das stimmte. Aber an die Gebote hatten sich alle gehalten.

Nur Jona bekam ein schlechtes Gewissen und sagte schließlich: „Der Kapitän hat recht! Ich bin derjenige, der gegen Gottes Wunsch und Wort verstoßen hat. Von Gott bekam ich den Auftrag, nach Ninive zu reisen, um die Bürger zu ermahnen, sich zu ändern. Ihr kennt die Menschen in Ninive! Sie sind böse und schlecht. Ich bin also stattdessen auf euer Schiff gekommen, um vor dem Auftrag Gottes zu fliehen!"

Die Seeleute konnten Jona verstehen – Ninive, jeder hatte schon davon gehört, und niemand wäre freiwillig dorthin gegangen. Aber sie erkannten auch, dass es vermutlich an Jona lag, dass dieser schreckliche Sturm drohte, ihr Schiff zum Kentern zu bringen und alle zu töten. Was sollte geschehen?

Jona dachte: "Wenn ich schon meine gerechte Strafe bekomme, dann sollen wenigstens die braven Seeleute nicht zu Schaden kommen!" Und zu den Matrosen sagte er: "Werft mich über Bord! Dann werdet ihr vielleicht verschont und kommt mit dem Leben davon!"

Die Seeleute erschraken – Jona hier über Bord zu werfen bedeutete seinen sicheren Tod. Als der Sturm jedoch wie ein tosendes Ungeheuer immer schlimmer wütete und der Mast schließlich brach, nahmen zwei Seeleute Jona und warfen ihn in die Wellen.

Das Meer war schwarz und kalt, die Wellen tobten rings um Jona herum. Dann kam eine riesige Welle und drückte Jona unter Wasser. Als er wieder hochkam, schluckte er Wasser – es schmeckte salzig und kribbelte in seiner Nase. Vom Schiff war weit und breit nichts mehr zu sehen. Jona bekam Angst und wollte beten, dass er gerettet würde, aber er schämte sich vor Gott – und schwieg.

Plötzlich entdeckte Jona vor sich einen Schatten und noch ehe er begriff, was geschah, öffnete sich vor ihm ein Schlund und Jona

strudelte hinein. Er wusste nicht genau, was es war – aber irgendetwas verschluckte ihn in einem Stück! Es musste ein riesiges Wassertier gewesen sein, das seinen Rachen aufgesperrt hatte. Mit einem Schwall Wasser landete Jona im Bauch des Ungetüms. Hier war es zwar wärmer und er würde nicht ertrinken, aber lebendig im Bauch eines riesigen Tieres zu sitzen, beruhigte ihn gar nicht! Das Tier tauchte unter und auf, schwamm Kurven, und Jona purzelte im Bauch hin und her. Er wusste nicht, wie lange er das noch überleben würde. Jetzt wurde er doch verzweifelt. Hatte er eben im kalten Wasser noch gedacht: „Das geschieht mir recht, dass Gott mich mit dem Tod bestraft", so spürte er jetzt, dass er leben wollte. Und er betete zu Gott. Er erinnerte sich an die alten Gebete, die er schon als Kind gelernt hatte. Darin wurde erzählt, wie Gott Menschen aus dem sicheren Tod gerettet hatte. Diese Gebete sprach er nun, und mit jedem Wort wurde er etwas ruhiger. Es mögen wohl drei Tage und drei Nächte gewesen sein – für Jona eine Ewigkeit –, da schwamm das Tier auf einmal langsam und ruhig. Schließlich fühlte es sich so an, als läge es still auf dem Grund des Meeres oder auf einer Sandbank. Jona hielt den Atem an – mit einem gewaltigen Ruck wurde er hochgeschleudert und landete kopfüber im Sand. Er glaubte zu träumen, seine Augen waren von dem grellen Sonnenlicht wie geblendet, aber er meinte vom Ufer aus vor sich im Wasser einen Wal oder einen riesigen Fisch zu erkennen, der langsam davonschwamm. Ja, so musste

es gewesen sein – dieses Tier hatte ihn hier an Land gespuckt. Weit und breit war niemand zu sehen, auch kein Ort – aber Jona hörte Gottes Stimme:

„Ninive, Jona, ich habe dir einen Auftrag gegeben. Glaubst du, du kannst vor mir davonlaufen?"

Dieses Mal gehorchte Jona, der glücklich war, noch einmal mit dem Leben davongekommen zu sein. Es war von der Küste, an der er gelandet war, noch ein sehr weiter Fußweg bis nach Ninive. Jona war geschwächt und sah wüst aus – seine Kleidung war zerfetzt, sein Haar und sein Bart waren wirr und zerzaust, er hatte Hunger und entsetzlichen Durst. Im ersten Dorf fand er freundliche Menschen, die ihn aufnahmen, bewirteten und ihm neue Kleider gaben. Von dort aus machte er sich gestärkt auf den langen Marsch bis Ninive, das in den Bergen des Landes liegt, das heute Irak heißt. Auf dem Weg überlegte er sich viele Worte und Sätze, die er den Menschen in Ninive sagen wollte.

Jona kam zum Stadttor, sein Herz klopfte wild und er hatte Angst – aber war er nicht gerade dem sicheren Tod entkommen? Sicher würde Gott ihn auch hier beschützen. Immerhin war er in Gottes Auftrag unterwegs. Also ging er in die Stadt, holte sich von einem Händler eine leere Kiste und stellte sich mitten auf den Marktplatz. Und dann sprach er mit lauter Stimme zu den Bürgern Ninives. Er sagte, dass ihr Ruf schlecht sei, dass ihr Verhalten gottlos sei und dass Gottes Zorn über die Bürger Ninives kommen würde, wenn sie sich nicht änderten! Mit jedem Satz wurde er mutiger und seine Stimme lauter, und immer mehr Leute kamen, um ihm zuzuhören.

Als er seine Rede beendet hatte, trat eine große Stille ein. Jona fürchtete, dass sie nun über ihn herfallen würden – doch das Gegenteil war der Fall!

„Er hat recht!", rief ein Mann laut. „Wir haben viel Unrecht getan und wir müssen uns ändern!"

Die Menge stimmte zu, und die Menschen hoben Jona in die Höhe und trugen ihn fort. Sie waren dankbar, dass er gekommen war, sie zu warnen und zur Umkehr zu bewegen. Und die ganze Stadt bekehrte sich. Sie hörten auf zu streiten. Menschen umarmten sich. Das Recht und das Gesetz wurden wieder geachtet. Die Menschen

versammelten sich zum Gebet. Sie versuchten, miteinander ein neues Zusammenleben zu schaffen, in dem eine gute Gemeinschaft statt Neid, Geiz und Bosheit vorherrschten.

Jona war froh, dass die Bürger Ninives ihm nicht mit Zorn begegnet waren. Dass es ihm gelungen war, sie umzustimmen, machte ihn sogar stolz. Aber er misstraute dem Neuanfang in Ninive. Er war sich sicher, dass in ein oder zwei Tagen wieder alles beim Alten sein würde. So schnell änderten sich Menschen eben nicht – das war Jona klar. Darum verließ er die Stadt und ließ sich oberhalb Ninives auf einem Hügel nieder, um zu sehen, wie Gott Ninive strafen wollte. Doch nichts geschah. Gott wollte Ninive nicht mehr strafen. Das konnte Jona überhaupt nicht verstehen! Er fand, Gott war leichtgläubig, viel zu weich und milde. Kaum plapperten die Leute in Ninive davon, dass sie sich bessern wollten, war Gott schon wieder versöhnt. Jona wurde wütend. Das konnte doch jeder: Erst was Schlimmes machen, hinterher „Entschuldigung!" sagen und dann einfach so tun, als wäre nichts gewesen. Aber die Menschen aus Ninive hatten so viel Unrecht angerichtet, so viel Kummer und Leid verursacht – was war damit? Sollten sie jetzt trotzdem einfach so davonkommen? Konnte Gott wirklich glauben, dass nun alles gut wäre? Nein, sie hatten die Strafe verdient! Jona kochte vor Zorn! Er wusste schon, warum er nicht nach Ninive wollte – es war doch alles umsonst gewesen.

Gott spürte Jonas Zorn. „Tut dir das gut, dass du so zornig bist, Jona?", fragte Gott.

Aber Jona antwortete nicht. Er war zu wütend. In seiner Wut vergaß er sogar, dass auch er von Gott gerettet worden war und selbst keine

Strafe für seinen Ungehorsam bekommen hatte. Jona saß in der Sonne und grollte. Gott ließ neben Jona einen Rizinusbaum wachsen. Da atmete Jona auf, denn der Baum spendete Schatten – aber er dankte Gott nicht dafür. Jona schlief dort in der Nacht.

Als er am nächsten Morgen von der sengenden Sonne erwachte, war der Rizinusbaum verdorrt und gab keinen Schatten mehr. Jona sprang auf, außer sich vor Zorn. Der schöne Baum, der schöne Schatten – alles dahin! Jona schimpfte und fluchte.

Erneut fragte Gott Jona: „Ist das gut, so zornig zu sein wegen eines Rizinusbaumes?"

„Ja, natürlich! Ich habe allen Grund zum Schimpfen und zum Wütendsein. Der schöne Baum … nun ist er verdorrt und sein Schatten dahin! Er tut mir leid, es war ein schöner Baum!"

Da antwortete Gott: „Dir tut der Baum leid? Du hast nichts dafür getan, dass es ihn gibt – nicht gepflanzt, nicht großgezogen, nicht gewässert –, trotzdem tut er dir leid. Darf mir dann nicht umso mehr die Bevölkerung einer ganzen Stadt leidtun, Menschengeschöpfe, die ich aus Liebe entstehen ließ? Es sind schwache Menschen, die Fehler haben. Ich habe sie lieb. Dächte ich wie du, hätten sie keine Gnade zu erwarten. Ich möchte aber gnädig zu ihnen sein – wie ich gnädig zu dir bin, Jona! Aus Liebe!"

Da schwieg Jona beschämt und verließ die Umgebung der Stadt Ninive.

Daniel in der Löwengrube

Daniel 1,1–2,49; 6,2–29

Nebukadnezzar war ein mächtiger König, der viele Reichtümer besaß und das große Königreich Babylon regierte. Er hatte Kriege geführt und andere Länder erobert, auch die Stadt Jerusalem war ihm zum Opfer gefallen. Auf seinen Befehl hin wurden aus den eroberten Ländern Menschen als Sklaven verschleppt, die für die Babylonier arbeiten sollten. Die meisten mussten harte körperliche Arbeit verrichten und es ging ihnen nicht gut. Die Babylonier waren grausame Sieger, die unterworfene Völker schlecht behandelten – die Juden aus Jerusalem hatten schwer zu leiden.

König Nebukadnezzar wollte zum Zeichen seiner Macht auch jüdische Sklaven an seinem Hof haben. Er befahl seinem höchsten Beamten, er solle unter den Gefangenen einige junge Männer aussuchen, die später zu Dienern ausgebildet würden. Es sollten jedoch nur Söhne aus wohlhabenden, reichen Familien sein, die gut erzogen waren. Sie müssten schreiben und rechnen können, möglichst groß und gut aussehend sein, vielleicht auch ein Instrument spielen können. Jene sollten dann drei Jahre lang zu Dienern des Königs ausgebildet werden, die babylonische Sprache lernen und treue Angestellte des Herrschers werden.

So kam damals auch Daniel an den Hof des Königs. Er war ein besonders schlauer Mann – aber auch stolz und gläubig. Er ließ sich zwar zum Diener ausbilden und ordnete sich dem Willen des Königs unter, aber er blieb seiner Religion treu. Die Götter der Babylonier würde er niemals anbeten. Und er würde sich auch streng an die vielen Vorschriften halten, die sich Juden zum Zeichen ihrer Verbundenheit mit Gott gegeben hatten. Auch beim Essen war Daniel nicht dazu zu bewegen, etwas anderes als Obst und Gemüse zu essen, vor allem aß er kein Schweinefleisch, was gläubigen Juden ein Graus ist. Daniel zog sich am Tage regelmäßig zum Gebet zurück. Gerade in der Fremde, fern seiner Heimat, herausgerissen aus der vertrauten Sprache, den Sitten und Gebräuchen, getrennt von seinen Freunden und Verwandten, fand Daniel Halt und Kraft in seinem Glauben. Er wusste, dass er sich von den Babyloniern befehlen lassen musste – er war ein Gefangener. Der König konnte ihm viele Aufgaben übertragen, er würde sie alle verrichten. Nur konnte ihn nichts und niemand – auch kein Befehl des Königs – davon abhalten, an seinen Gott zu glauben. Hier war er unbeugsam!

Daniel imponierte dem König, und dieser behandelte ihn gut. Als der König eines Tages einen Traum hatte, der ihn beunruhigte, rief er alle Gelehrten zu sich, sie mögen ihm den Traum erklären, damit er dessen Botschaft verstünde. Doch keiner vermochte es. Daniel jedoch konnte Träume deuten – denn Gott hielt so treu zu ihm, wie Daniel treu gegenüber Gott war. Daniel konnte dem König seinen Traum erklären, weil Gott ihm half. Das machte Daniel berühmt am Hofe des Königs Nebukadnezzar – er beförderte Daniel zum obersten Diener. Nach Nebukadnezzar wurde Belschazzar König und nach diesem Darius. Daniel jedoch blieb weiter Berater und erster Diener auch unter den neuen Königen. Das machte vor allem die babylonischen Minister und Verwalter neidisch, denn Daniel war für sie ein Ausländer, ein Fremder. Es missfiel ihnen sehr, dass König Darius Daniel so vertraute! Also schmiedeten sie Pläne, wie sie das Vertrauen zwischen dem König und Daniel zerstören konnten. Denn viele von ihnen hatten Angst, dass Daniel möglicherweise sogar erster Vertrauter des Königs noch vor den Ministern würde und damit zu viel Macht bekäme – und sie ihrerseits Macht verlören. Sie waren neidisch und gierig. Das Dumme war nur, dass ihnen auch nach vielen Überlegungen nicht einfiel, wie sie es anstellen könnten, dass Daniel in Ungnade fiel. Bis eines Abends einer der Minister und Verwalter eine Idee hatte!

„Daniel ist doch ein frommer Jude, nicht wahr?", fragte er in die Runde – und alle nickten bestätigend. „Er tut alles, was der König von ihm verlangt. Überhaupt ist er ein treuer Mann, der sich dem König nicht widersetzen würde. Das Einzige, was für ihn noch höher steht als das Wort des Königs, ist dieser Gott, an den er glaubt. Es müsste uns gelingen, ihn durch seinen Glauben zu Fall zu bringen."
Das schien den anderen ein guter Plan – so dachten sie sich eine List aus, wie sie König Darius gegen Daniel und seinen Gott aufbringen könnten.

Am nächsten Tag ging eine Abordnung zum König, um Daniel eine Falle zu stellen. Der Anführer sagte schmeichelnd: „Großer Darius, du bist bekannt für deine Weisheit und deinen guten Rat. Niemand kann den Menschen besser bei Problemen helfen als du, weiser, großer Darius!"
König Darius freute sich über das Kompliment und nickte zustimmend.
„Wir haben beratschlagt und denken, dass gar nicht alle Menschen

deines Königreichs wissen, wie weise und klug du bist! Manche halten dich vielleicht sogar für eitel und gleichgültig. Das finden wir ganz furchtbar ungerecht und wir glauben, dass deine Weisheit dringend noch viel bekannter werden muss!"

Das fand Darius eine gute Idee. „Und habt ihr euch auch überlegt, wie das gehen kann?"

„Oh ja, werter König Darius, deine treuen Minister denken Tag und Nacht nur darüber nach, wie sie dein Ansehen und deinen Glanz vermehren können. Darum machen wir den Vorschlag, dass du in deinem Königreich bekannt machen lässt, dass in den nächsten dreißig Tagen die Menschen nur noch Rat bei dir holen dürfen. Niemand darf sich in dieser Frist an einen anderen Menschen oder gar an einen Gott wenden, wenn er eine Bitte oder eine Frage hat. Dann werden alle gezwungen sein, dich um Rat zu bitten – und da du immer Rat weißt, werden alle erfahren, wie klug du bist. Sie werden es überall weitererzählen. Und einzig du, weiser König, sollst derjenige sein, dem in dieser Zeit Dank und Ehre zu erweisen ist!"

„Nun, das klingt nach einem guten Plan. Zwar werde ich dann für die nächsten dreißig Tage viel zu tun haben, wenn alle nur mich um Rat fragen dürfen, aber ich werde ja reich belohnt, wenn alle mir

Dank und Ehre bekunden und meine Weisheit überall bekannt wird! Darum: So soll es sein!"

„Dürfen wir das Gesetz also verkünden, großer Darius?"

Der König nickte.

„Was aber, weiser König, soll mit jenen geschehen, die sich nicht an diese Verordnung halten wollen?", fragten die Minister.

„Wehe denen! Ich bin der König Darius, an Weisheit und Klugheit nicht zu übertreffen! Mir gehören aller Dank und alle Ehre! Niemand soll einem anderen mehr vertrauen als mir, ihm huldigen oder ihn gar anbeten – sonst werfe ich ihn den Löwen zum Fraß vor!"

Die Minister und Verwalter lächelten, verbeugten sich und zogen zufrieden ab. Heimlich rieben sie sich die Hände.

Auch Daniel hörte von dem neuen Gesetz und ahnte, dass die Minister den König überredet hatten, weil sie nichts Gutes im Schilde führten. Er kannte ihre Missgunst. Dennoch ging Daniel wie jeden Tag dreimal in seine Kammer und betete zu Gott.

Darauf hatten die Minister und Verwalter gehofft – sie schauten durch das Schlüsselloch und platzten mitten im Gebet ins Davids Zimmer.

„Was tust du da, Fremdling?", brüllten sie.

„Beten – und es ist nicht nett von euch, mich zu stören und einfach in mein Zimmer zu kommen", erwiderte Daniel ruhig.

„Das werden wir König Darius melden, dass sein angeblich so treuer Diener sich nicht an die Gesetze seines Königs hält!", riefen sie und eilten zum König, um ihm Bericht zu erstatten.

Darius hörte erschrocken zu – natürlich, Daniel betete täglich dreimal zu seinem Gott –, das hatte er ganz vergessen. Und gegen Daniel

sollte sich sein Gesetz nicht richten, das war nicht seine Absicht gewesen. Darius ahnte die List – aber nun war es zu spät! Eine Ausnahme zu machen, weil Daniel sein bester Diener war, kam nicht infrage. Das würde man dem König als Schwäche auslegen. Auch konnte er sein Gesetz jetzt nicht mehr widerrufen. Man legte Daniel Fesseln an und führte ihn vor König Darius. Der sah betrübt zu Boden, weil er doch nicht weise und klug genug war, zu verhindern, dass Daniel aufgrund der List der Minister den Löwen zum Fraß vorgeworfen wurde. Darius schämte sich, weil er zu feige war, Daniel trotz allem zu schonen. Aber die Minister redeten immer wieder auf ihn ein und warnten ihn: „Deine Gesetze sind heilige Gesetze, sie gelten für alle Menschen in deinem Reich. Wenn du jetzt eine Ausnahme machst, dann werden die Menschen dich nicht mehr achten. Sie werden daran zweifeln, dass du ein guter und ein weiser Herrscher bist. Daniel ist selbst schuld – er wusste von deinem Gesetz und trotzdem hat er sich nicht daran gehalten. Damit ist er kein guter Diener mehr!"

So musste Daniel in die Löwengrube. Darius begleitete Daniel bis zur Grube, in die ihn die Wachen des Hofes sperren sollten. Damit Daniel nicht fliehen konnte, wurde die Grube sorgsam verschlossen. König Darius sagte traurig: „Ich hoffe sehr, dass dein Gott, an den du so treu glaubst, dich nicht im Stich lässt und dir hilft – ich kann es leider nicht!"

Dann wurden die Löwen in die Grube gelassen, und der König ging mit schweren Schritten in sein Schlafgemach und weinte. Die ganze Nacht bekam er kein Auge zu, er musste an Daniel denken und daran, dass ihn die Löwen fressen würden – wenn kein Wunder geschehen würde!

Am nächsten Morgen ging der König mit dem ersten Licht des Tages zur Löwengrube. Sein Herz klopfte laut vor Aufregung. Vorsichtig schaute er in die Grube – und traute seinen Augen kaum: Da saß Daniel tatsächlich völlig gesund und unversehrt auf einem Stein, er hatte nicht einmal den kleinsten Kratzer! Das Wunder, auf das Darius gehofft hatte, war wirklich geschehen. Überglücklich ließ er Daniel aus der Grube holen und zu sich bringen.

„Daniel, mein guter Diener, erzähle mir, wie ist es dir ergangen. Wie hat dein Gott dir aus dieser Not geholfen?"

„Mein Gott hat mir einen Engel geschickt, der hat den Löwen das Maul zugehalten – so ist mir nichts geschehen", erzählte Daniel.

„Wahrhaftig – dein Gott ist ein lebendiger Gott!", rief der König laut. „Ich weiß jetzt, warum du ihm so die Treue hältst! Ich will es fortan auch tun – ich will deinem Gott huldigen, der so voller Liebe und Güte auf jene achtet, die ihn ehren! Und alle Menschen in meinem Königreich sollen es auch tun! Das verfüge ich, König Darius!"

Des Königs Worte wurden in seinem Reich verbreitet, sodass alle sie hören und befolgen sollten.

Die Anführer der Minister und Verwalter, die sich den bösen Plan ausgedacht hatten, um David Schaden zuzufügen, ließ König Darius nun selbst in die Löwengrube werfen – und Daniel wuchs in seinem Ansehen am Königshof!

Jesus wird geboren

Lukas 1,5–2,20; Matthäus 1,18–2,12

Maria war eine junge Frau. Sie war verliebt in Josef, einen Zimmermann. Und Josef war verliebt in Maria – darum hatten sich beide verlobt und wollten bald heiraten. Maria fand es wunderschön, bald Josefs Frau zu sein, und sie freute sich jeden Tag, ihn zu treffen, um mit ihm ein Stück spazieren zu gehen. Damals durften zwei Menschen erst in einem Haus zusammenleben, nachdem sie geheiratet hatten. Es gab strenge Regeln, viel strenger als heute. Niemals wären Verliebte auf der Straße Hand in Hand gegangen oder hätten sich geküsst oder andere sehen lassen, dass sie sich lieb hatten. Auch Maria und Josef hielten sich an die Regeln. Beide freuten sich sehr darauf, bald zusammenzuwohnen, eine Familie zu gründen und ihr Leben miteinander teilen zu können. Maria am meisten – sie konnte es kaum erwarten!

Sie ging gerne zu ihrer Cousine Elisabet, die war bereits verheiratet mit Zacharias. Und Elisabet stand etwas sehr Aufregendes bevor: Sie würde bald Mutter werden. In Elisabets Bauch wuchs ein Kind. Maria half ihr bei den Arbeiten, die sie wegen ihrer Schwangerschaft nicht mehr verrichten konnte, und beide sprachen viel über Kinder. Maria wollte natürlich wissen, wie sich das anfühle, ein Kind zu bekommen. Oft legte sie ihre Hand auf Elisabets Bauch und manch-

mal spürte sie die Bewegungen des Kindes. Auf dem Rückweg von Elisabet dachte Maria stets: „Ach, bald bin ich auch verheiratet und bekomme wie du ein Kind – ich freue mich so darauf! Ein Kind mit meinem lieben Josef großzuziehen, das ist das Schönste, was ich mir vorstellen kann!"

Das verstand Elisabet nur zu gut!

Zacharias war älter als seine Frau und diente als Priester. Elisabet und er hatten sich lange Zeit vergeblich ein Kind gewünscht. Aber dann plötzlich war sie schwanger geworden, es war wie ein Wunder. Traurig war nur, dass Zacharias zu diesem Zeitpunkt seine Sprache verloren hatte. Er kam aus dem Tempel und war stumm. Kein Arzt konnte helfen, niemand wusste Rat – aber Zacharias schien seine Krankheit ohne Verzweiflung anzunehmen. Er konnte zwar nicht als Priester arbeiten, ging aber trotzdem jeden Tag in den Tempel.

Als Elisabet im sechsten Monat schwanger war, hatte Maria ein unglaubliches Erlebnis. Sie war allein zu Haus und hörte plötzlich eine Stimme, die ihren Namen rief. Maria erschrak! Sie schaute sich um und sah eine Gestalt im Raum – obwohl sie die Tür zu ihrem Haus zugesperrt hatte.

„Ich grüße dich, liebe gesegnete Maria. Gott ist mit dir und schickt mich!"

Maria wurde kreidebleich vor Schreck und zitterte am ganzen Leib.

„Fürchte dich nicht vor mir, Maria. Ich bin der Engel Gabriel und soll dir sagen, dass Gott dich auserwählt hat, ein besonderes Kind zur Welt zu bringen! Es wird das Kind Gottes sein und es soll Jesus heißen!"

Da fiel Maria vor Schreck der Tonkrug aus der Hand, den sie gerade mit Getreide füllen wollte. „Wie … wie soll das gehen?", fragte sie stammelnd. „Ich kann erst ein Kind bekommen, wenn Josef mein Mann geworden ist. Er wird der Vater meiner Kinder werden, niemand anderes!"

Da lächelte der Engel.

„Höre, Maria, deine Cousine Elisabet ist schwanger geworden, obwohl sie und ihr Mann Zacharias sich seit Jahren vergeblich ein Kind gewünscht haben. Eigentlich sind sie längst zu alt, um Kinder zu haben! Schau, trotzdem ist Elisabet schwanger und wird bald ein Kind bekommen. Weil Gott es so bestimmt hat. Nichts ist unmöglich, wenn Gott es will. So wirst du auch schwanger werden, obwohl du nicht mit Josef geschlafen hast. Die Kraft des Heiligen Geistes wird dich durchströmen, Gott selbst wird diesem besonderen Kind der Vater sein! Kannst du das glauben und willst du dich dem Wunsch Gottes anvertrauen?"

Maria spürte, dass dies ein besonderer Augenblick in ihrem Leben war und dass etwas ganz Großes mit ihr geschah. Also antwortete sie mit fester Stimme: „Wenn Gott es so wünscht und für mich vorgesehen hat, so will ich es gerne annehmen."

Da segnete der Engel Maria und verschwand.

Als Maria sich von ihrem Schrecken erholt hatte, eilte sie zu Elisabet. Sie wusste nicht, wie sie Elisabet ihr Erlebnis erklären sollte – sie konnte es ja fast selbst nicht glauben. Maria umarmte Elisabet und sagte: „Ich freue mich so für dich, dass du bald dein Kind gebären wirst!"

Da spürte Elisabet, wie das Kind in ihrem Leib vor Freude strampelte, als hätte es die Worte Marias verstanden. Elisabet schaute Maria in die Augen und ahnte plötzlich, dass auch Maria schwanger war. Ohne dass Maria von dem Engel erzählte, wusste sie, dass etwas ganz Besonderes, Außergewöhnliches mit Maria geschehen war.

„Und ich freue mich, Maria, dass du die Mutter eines Kindes wirst, dessen Vater Gott ist."

„Woher weißt du …?", fragte Maria Elisabet erstaunt.

„Ich weiß, dass auch mein Kind ein besonderes Kind sein wird – deines aber wird Sohn Gottes heißen!"

Die beiden Frauen umarmten sich und weinten vor Glück. Dann sangen sie gemeinsam ein Lied zum Lobe Gottes, denn sie waren gläubige Frauen.

Als Maria später ihren Josef traf und ihm aufgeregt alles erzählte, verfinsterte sich sein Gesicht und er freute sich gar nicht!

„Ein Kind? Du bist schwanger? Maria, wie kann das sein? Du hast mir versprochen, dass ich der Vater deiner Kinder sein soll. Wir wollten mit einem Kind warten, bis wir verheiratet sind und zusammenleben! Und jetzt bist du schwanger? Ich kann nicht der Vater sein! Was für eine komische Geschichte erzählst du mir da? Das kann ich nicht glauben. Du willst mich betrügen, Maria! Das hätte ich nie von dir gedacht …!" Josef sprang auf und rannte fort.

Marias aufgeregte Freude verwandelte sich augenblicklich in tiefe Trauer! Sie brach in Tränen aus und war todunglücklich. Warum glaubte Josef ihr nicht? Warum vertraute er nicht darauf, dass sie ihn niemals anlügen würde? Wie sollte es nun weitergehen? Maria war verzweifelt. Sie konnte die ganze Nacht vor Kummer nicht schlafen.

Am nächsten Morgen kam Josef schon vor der Arbeit zum Haus der Maria und klopfte. Als Maria Josef vor der Tür entdeckte, wäre sie ihm beinahe um den Hals gefallen – doch das traute sie sich nicht. Überglücklich wurde sie, als sie hörte, was Josef zu sagen hatte: „Maria, verzeih. Es klang so unglaubwürdig, was du mir erzählt hast. Aber auch mir ist der Engel Gabriel erschienen, heute Nacht im Traum. Und er hat mir gesagt, dass alles wahr ist, was du mir erzählt hast! Es tut mir leid, dass ich dich zu Unrecht der Lüge verdächtigt habe!"

„Mein lieber Josef, wie froh bin ich, dass du mir glaubst!" Sie lächelten einander an, und Josef eilte davon, um sein Tagwerk zu beginnen. Bald darauf wurde Elisabets Sohn Johannes geboren. Maria eilte sofort ins Haus der Cousine, um sie zu besuchen und zu fragen, ob sie ihr behilflich sein konnte. Zu ihrer Überraschung empfing Zacharias sie und sagte: „Oh, Maria, wie gut, dass du kommst! Elisabet wird sich freuen ..."

Maria machte große Augen, der Mund stand ihr offen! „Zacharias, du kannst ja wieder sprechen!"

„Ja, aber das ist eine andere Geschichte! Komm schnell, du musst dir unseren Sohn anschauen, den kleinen Johannes! Er ist ein so wunderschönes Kind!"

Früher war es eigentlich üblich, dass der erstgeborene Junge den Namen des Vaters bekam – so hätte der kleine Sohn also Zacharias heißen müssen. Maria erfuhr, warum es anders war: Der Engel Gabriel war auch Zacharias erschienen und hatte ihm angekündigt, dass Elisabet ein Kind bekommen würde. Das konnte Zacharias nicht glauben, weil sie schon viele Jahre ohne Kinder geblieben waren. Der

Engel sagte ihm: „Weil du die Nachricht, die ich dir von Gott überbringe, nicht glauben willst, sollst du dies zum Zeichen haben: Ab sofort wirst du stumm sein und kein Wort mehr sprechen können – erst wenn dein Kind geboren wird und du seinen Namen verkündest, wirst du deine Sprache zurückbekommen! Das Kind soll Johannes heißen!"

Zacharias kam damals stumm nach Hause und konnte Elisabet nicht erzählen, was er erlebt hatte.

Alles geschah, wie der Engel es angekündigt hatte: Elisabet bekam ein Kind, und Zacharias fand nach der Geburt seine Sprache wieder, als er auf eine Tafel den Namen schrieb, den das Kind tragen sollte: Johannes. Dann endlich konnte er seiner Frau erzählen, was er damals im Tempel erlebt hatte. Maria konnte sehr gut verstehen, wie es Zacharias bei seiner Begegnung mit dem Engel Gabriel gegangen sein mochte – sie lächelte still und zustimmend.

Maria und Josef heirateten kurz darauf und teilten von da an ein Haus. Maria war froh, dass sie endlich mit ihrem geliebten Mann zusammenleben konnte. Und Josef stand dankbar jeden Morgen auf, küsste seine schöne Frau und streichelte über ihren Bauch. Man sah bereits deutlich, dass Maria schwanger war. Beide freuten sich auf das Kind.

Eines Tages kam Josef betrübt nach Hause.

„Maria, pack schnell ein paar Sachen, wir müssen nach Betlehem in die Stadt meiner Familie. Es gibt eine Volkszählung, der römische Kaiser will, dass jeder Mann in seine Geburtsstadt zurückkehrt und sich in eine Steuerliste einträgt!"

Maria war entsetzt.

„Josef, lieber Mann, schau mich an! Bald kommt unser Kind zur Welt! Wie stellst du dir das vor? Ich kann den beschwerlichen Weg nach Betlehem unmöglich laufen!"

„Ich habe einen Esel geliehen, der trägt dich und unser Gepäck", antwortete Josef.

Maria begann zu weinen. „Nein, Josef, ich schaffe das nicht."

Aber Josef tröstete seine Frau und sprach ihr Mut zu, erinnerte sie an Gottes Beistand und daran, dass sie zusammen alles schaffen konnten, weil sie einander liebten und auf Gott vertrauten.

So brachen sie schließlich auf nach Betlehem und kamen dort nach vielen Tagen an. Maria würde sehr bald ihr Kind gebären und sie brauchten dringend eine Unterkunft. Aber alles war schon belegt. Vor der Stadt, in einem Stall, fanden sie schließlich ein Lager zwischen Stroh und Tieren. Maria brachte noch in derselben Nacht einen kleinen Jungen zur Welt. Sie nannte ihn Jesus – wie der Engel es ihr aufgetragen hatte. Maria wickelte das Kind in Windeln und legte es zum Schlafen in einen Futtertrog.

Zur selben Zeit erschien der Engel den Hirten auf den Weiden vor Betlehem und sprach: „Fürchtet euch nicht. Euch ist heute ein Kind geboren worden, das für euch alle Vorbild, Retter und Freund sein wird. Es ist der Sohn Gottes, ihr findet ihn in einem kleinen Stall drüben in Betlehem. Er liegt in seinen Windeln in einem Futtertrog! Geht und erweist ihm Ehre und schenkt ihm Liebe!"

Die Hirten rannten aufgeregt nach Betlehem, fanden den Stall, Josef und Maria und Jesus in dem Futtertrog. Sie fielen auf die Knie und beteten. Dann gingen sie in die Umgebung und erzählten allen von dem freudigen Ereignis.

So kamen viele Menschen, um den Sohn Gottes zu sehen und ihm Ehre und Liebe zu erweisen – nach vielen Tagen sogar drei sehr kluge und reiche Männer aus fernen Ländern. Sie waren sternenkundig und hatten Jesus gefunden, weil sie einem großen Stern gefolgt waren, der sie zum Stall geführt hatte. Die drei Fremden brachten Jesus Geschenke mit: Gold – das war wertvoll. Weihrauch – sein Duft war besonders und kostbar. Und Myrrhe – die konnte man wie Weihrauch verbrennen oder aber als Medizin benutzen, wenn man Halsweh oder Bauchweh hatte. Maria und Josef dankten allen, die kamen und beteten oder Geschenke mitbrachten, sie freuten sich, dass Jesus schon so viele Freundinnen und Freunde hatte.

Jesus findet Freunde

Lukas 5,1–11

Jesus hatte schon als kleiner Junge eine sehr enge Verbindung zu Gott. Er wollte alles über Gott erfahren. Er fragte die Menschen, die sich mit Gott beschäftigt hatten, und er fragte sein eigenes Herz.

Als Jesus zwölf Jahre alt war, diskutierte er bereits mit Erwachsenen und Gelehrten darüber, was ein Mensch von Gott erfahren und fühlen kann, wie Gott sich den Menschen zeigt, was Gott sich von den Menschen wünscht. Viele staunten über diesen Jungen.

So verwundert es nicht, dass Jesus ein Wanderprediger wurde, der durch das Land ging, den Menschen von Gott erzählte, diskutierte, Fragen beantwortete, heilte und die Liebe Gottes weitergab.

Weil Jesus durch das, was er tat, berühmter und beliebter wurde, war seine Arbeit anstrengend und dauerte vom frühen Morgen bis spät in die Nacht – denn Fragen, Krankheit, Leid und Kummer gab es zu allen Zeiten reichlich auf der Welt. Jesus allein hatte alle Hände voll damit zu tun, zu den Menschen zu sprechen und sie zu heilen. Gott stärkte Jesus – dennoch wusste Jesus, wie wichtig es war, eine Gruppe von Freunden und Freundinnen zu haben. Sie könnten mit ihm gehen, ihn unterstützen und ihm helfen. Jesus wusste ebenso, dass kein Mensch für immer auf der Welt bleiben kann – auch

er nicht. Darum war es wichtig, dass er Menschen um sich sammelte, die die Geschichten von Gott weiterverbreiten würden, damit auch die Menschen der Zukunft davon erführen.

Doch wer würde den Mut haben, mit ihm zu gehen? Wer würde seinen Heimatort verlassen, seine Arbeit hinter sich lassen oder gar seine Familie in die Ungewissheit führen, um sich mit Jesus auf die Reise zu machen? Nach einem langen, anstrengenden Tag setzte Jesus sich nachdenklich an den Strand des großen Sees Gennesaret. Er sah, wie die Fischer sich bereit machten, um hinaus auf den See zu fahren. Sie arbeiteten nachts, der See war fischreich und nachts konnte man die meisten Fische fangen. Jesus beobachtete, wie die Fischer sorgfältig ihre Netze vorbereiteten und die Boote klarmachten. Sie redeten nicht viel miteinander, sie waren konzentriert auf ihre Arbeit.

Jesus stand auf und ging zu ihnen.

„Guten Abend! Nehmt ihr mich mit euch hinaus auf den See?", fragte er die Fischer.

Sie sahen einander verdutzt an, einer fragte: „Wer bist du?"

Jesus antwortete: „Ich bin Jesus von Nazareth."

Die Fischer staunten! Diesen Namen hatte sie natürlich schon gehört und nun stand Jesus bei ihnen am Ufer des Sees und wollte mit ihnen hinausfahren – das war eine Überraschung. Sie wunderten sich, fragten aber nicht viel, sondern luden ihn ein, ein Boot zu besteigen. Jesus setzte sich und sah zu, wie die Männer die Segel setzten, das Boot vom Ufer hinaus auf den See steuerten und achtsam nach der besten Stelle Ausschau hielten, um die Netze auszuwerfen. Als sie es schließlich taten, war er beeindruckt, wie geschickt sie das riesige, schwere Netz über die Bordwand hinauswarfen, sodass es sich großflächig entfalten konnte. Ja, die Fischer verstanden ihr Handwerk, das erkannte er!

Als sie das Netz einholten, war die Enttäuschung groß. Neben einigen Pflanzen hatten sich nur sehr wenige, kleine Fische darin verfangen. Dieser Fang reichte nicht einmal zum Sattwerden der Fischerfamilien – und sie wollten ja schließlich auch noch Fische auf dem Markt verkaufen. Genauso erging es den anderen Fischern, die in Sichtweite mit ihren Booten arbeiteten. Sie fuhren an eine andere Stelle und probierten es ein weiteres Mal. Aber auch hier war das Netz fast leer, nachdem sie es wieder einholten. So versuchten sie es an vielen Stellen in dieser Nacht, bis der Morgen heraufzog und die Sonne über den Rand des Horizonts stieg. Doch erfolgreich waren die Fischer in dieser Nacht nicht gewesen.

Jesus spürte ihre Niedergeschlagenheit. Missmutig drehten sie um und fuhren zurück Richtung Ufer. Als sie es schon fast erreicht hatten, sprach Jesus Simon an, der ein erfahrener Fischer war: „Simon, fahrt noch einmal hinaus und werft das Netz aus – dort, wo das Wasser am tiefsten ist."

Simon sah Jesus verständnislos an: „Jesus, wir waren die ganze Nacht auf dem See, du warst doch dabei. Wir haben unser Netz an den besten und tiefsten Stellen ausgeworfen und kaum etwas gefangen. Jetzt, wo der Tag anbricht, ist es noch aussichtsloser. Wir sind müde. Warum sollten wir es weiter versuchen, schau: Gleich können wir am Ufer anlegen. Wir fahren heute Abend wieder raus und versuchen es – jetzt nicht mehr!"

Jesus lächelte Simon an. „Du bist ein erfahrener Fischer, Simon. Ich weiß das. Dennoch sage ich dir: Fahrt noch einmal hinaus und werft die Netze aus."

Simon überlegte einen Moment und wies die Männer an, kehrtzumachen und wieder hinauszufahren. Irgendwie vertraute er Jesus – er wusste selbst nicht genau, warum.

Als die anderen Fischer in ihren Booten sahen, dass Simon wieder Kurs auf den See nahm, schüttelten sie ihre Köpfe. Was war denn da los? Warum fuhren die denn noch mal raus – es wurde doch schon Tag! Manche fuhren weiter zum Strand, einige wenige folgten Simon, denn auch sie wussten, dass Simon sein Handwerk verstand. Und vielleicht hatte ja auch Jesus etwas damit zu tun, Simons Passagier.

Sie mussten nicht weit fahren, da sagte Jesus: „Hier, Simon! Versucht es hier!" Eilig warfen sie das Netz aus und schon nach einem kurzen Moment spürten sie, dass sie etwas gefangen haben mussten – das Netz zog das Boot seitwärts, und an der Wasseroberfläche wimmelte es von Fischen, die zu entkommen versuchten. Simon und seine Männer mühten sich, das Netz an Bord zu hieven – aber es war so voll, dass es zu reißen drohte oder das Boot beim Einholen zum Kentern bringen könnte. Auch Jesus fasste mit an, er lachte und freute sich, als er sah, wie die Fischer mit weit aufgerissenen Augen über Bord schauten!

Simon rief die anderen Fischer mit ihren Booten zu Hilfe. Sie kamen längsseits und halfen, warfen auch ihr Netz aus und machten ebenfalls reiche Beute. Alle Müdigkeit und Enttäuschung der Nacht war vergessen, mit leuchtenden Augen, schwitzend und lachend bemühten sich die Männer, möglichst viel vom Fang an Bord ihrer Boote zu holen. Dieser Fang würde auf dem Markt ein gutes Geschäft ergeben – und satt zu essen hatten sie selbst mit ihren Familien nun auch! Es war ein Wunder!

„Wer bist du, Jesus, dass du wissen kannst, wann und wo wir Fische fangen können? Du verstehst mehr als wir, die wir täglich auf dem See arbeiten. Ich dachte immer, ich wäre ein erfahrener Fischer – aber ich bin nichts, nur ein Versager. Das hast du mir sehr deutlich vor Augen geführt. Ich schäme mich.“

„Nein, Simon Petrus, du bist kein Versager. Was ich dir zeigen wollte ist, dass wir zusammen viel mehr schaffen als alleine. Ihr und auch ich. Wenn du, Jakobus, Johannes und die anderen Fischer mit mir gehen, werden wir genauso erfolgreich sein – allerdings nicht mit Fischen, sondern bei den Menschen. Ich brauche dich und euch, damit wir gemeinsam allen Menschen von Gottes Liebe erzählen können. So wie ich euch gezeigt habe, wo die Fische zu fangen sind, so wird Gott uns zeigen, an welchen Orten wir zum Wohle der Menschen wirken können. Vertraut mir. Lasst eure Netze zurück und geht mit mir!"

Simon und die anderen berieten sich, und schließlich waren zwölf Männer entschlossen, mit Jesus zu gehen. Die anderen kehrten zu ihren Netzen zurück und blieben Fischer. Die zwölf aber gingen, holten ihre Familien und schlossen sich Jesus an.

Die Heilung des Gelähmten

Markus 2,1–12

Jesus war ein Meister des Heilens, er konnte Menschen von ihren Krankheiten befreien. Die Kraft dafür hatte er von Gott. Besser als jeder Arzt wusste Jesus, was ein kranker Mensch brauchte und wie Leid geheilt werden konnte. Manche Menschen hatten einen kranken Körper, weil ihr Herz bedrückt und ihre Seele traurig war. Jesus sah den Menschen in Herz und Seele – und konnte so auch die Leiden ihres Körpers heilen.

Einmal war Jesus in einem Bethaus, um von Gott zu erzählen. Das war seine Arbeit, jeden Tag redete er mit den Leuten über Gott. Ihm war wichtig, dass die Menschen Gott besser kennenlernten, dass sie Gott suchten und über Gott nachdachten. Denn immer schon haben die Menschen Gott im alltäglichen Leben schnell mal vergessen. Zwischen Mensch und Gott ist es wie mit einer Freundschaft: Sie muss gepflegt werden. Wenn wir uns nicht mehr um die Freundschaft zu Gott kümmern, wird aus dem Freund irgendwann ein Fremder. Wir verlieren den Kontakt, selbst wenn unser Freund Gott uns weiterhin zugewandt bleibt. Freundschaft muss lebendig bleiben. Jesus wollte, dass Menschen den Kontakt zu Gott suchten und die Freundschaft mit ihm pflegten. Darum erzählte er jeden Tag von Gott und beantwortete ihre Fragen.

Das Bethaus, in dem er an diesem Tag sprechen wollte, war so voll von Menschen, dass nicht einmal mehr ein Kind hineinpasste. Viele

Menschen waren von weither gekommen, um Jesus zuzuhören. Sie wollten etwas über Gott lernen, Antworten auf ihre Fragen bekommen, Hilfe und Lösungen für Probleme erhalten, sie wollten erlöst, gesegnet und geheilt werden. Alle drängelten, jeder wollte Jesus sehen und hören. Sie schoben und drückten, schimpften und schubsten – und die, die draußen standen, wollten auch noch hinein. Aber das war aussichtslos. Wenn ein Haus voll ist – und dieses war mehr als voll –, passt eben niemand mehr hinein. Die, die es nach innen geschafft hatten, waren trotz der Enge froh – jene, die draußen bleiben mussten, waren enttäuscht.

Als Jesus die Hände hob, war dies das Zeichen zum Stillwerden. Das Drücken und Schieben endete, die Rufe und Gespräche verstummten – niemand wollte auch nur eine Silbe von dem verpassen, was Jesus sagen würde. In diese Stille hinein, noch bevor Jesus das erste Wort sprach, hörte man plötzlich Geräusche. Ein Kratzen und Schleifen, Scharren und Rumpeln, Getrappel und dumpfes Poltern – es kam von oben. Alle blickten hinauf zur Decke. Was war das? Waren etwa Menschen auf das Dach geklettert, um von dort oben zuzuhören? Ob das Dach die Belastung aushielt? Plötzlich gab es ein paar Schläge, Staub rieselte von oben herab auf Jesus und die versammelten Menschen. Einige begannen zu husten, andere schimpften: „Was soll das? Seid ihr verrückt geworden?"

„Wollt ihr das Dach einstürzen lassen? Hört auf mit dem Unsinn, kommt da sofort runter!", riefen Menschen von der anderen Seite des Raumes.

Alle waren besorgt. Aber es kamen weiter Krach und Staub von oben. Plötzlich schien die Sonne durch das Dach. Jetzt gab es keinen

Zweifel mehr: Da oben waren Menschen und sie deckten das Dach ab. Wie gebannt schauten nun alle nach oben, neugierig, was dort geschah. Es war mucksmäuschenstill. War das zu glauben? Da schauten vier Gesichter durch das Loch im Dach – sie redeten und diskutierten miteinander.

„Wir machen es so: Du hältst hier fest, dann schieben wir ihn herüber und ...“

„Ja, gut, aber wir müssen aufpassen, dass er nirgendwo anstößt!“

„Los, fass mit an ...!“

Mit offenen Mündern sahen die Menschen, wie vier Männer etwas an Seilen vom Dach in den Raum des Bethauses hinabließen. Ein Raunen war zu hören, ungläubiges Staunen auf den Gesichtern. In einer Decke lag ein Mann, offenbar krank. Die Menschen, die ihn herabließen, waren sehr vorsichtig und versuchten, ihn möglichst nah bei Jesus behutsam auf den Boden zu legen.

„Jesus“, rief einer der Männer durch das Loch im Dach hinunter, „bitte hilf unserem Freund. Er ist gelähmt. Wenn jemand ihn heilen kann, dann du! Unsere ganze Hoffnung gilt dir!“

Jesus schaute zu den Männern hinauf und lächelte. Dann kniete er sich neben den Mann in der Decke. Im Bethaus hätte man eine Stecknadel fallen hören können, so still war es nun. Alle wollten hören, was Jesus und der Mann sprachen. Aber Jesus und der Gelähmte flüsterten sehr leise, nichts war zu

124

verstehen. Offenbar fragte Jesus den Mann etwas, und dieser antwortete. Dabei hielten sich Jesus und der Mann an den Händen.

Plötzlich stand Jesus auf und sagte laut und vernehmlich für alle: „Du hast großes Glück, solche mutigen und einfallsreichen Freunde zu haben, die alles versuchen, um dir zu helfen. Und du hast großes Vertrauen – das wird dich heilen. Ich sage dir: Die Schuld, die dich beugt und verbiegt, die dich so lähmt, dass du dich nicht mehr bewegen kannst, sie ist dir vergeben!"

Ein paar Augenblicke war es noch still – alle mussten erst einmal begreifen, was Jesus da gesagt hatte. Dann begannen alle mit ihren Nachbarn zu tuscheln, einige redeten sogar laut miteinander. Manche fragten nach, ob sie richtig verstanden hätten, was Jesus gesagt hatte.

Weiter hinten standen Männer, die immer besonders neugierig zu diesen Versammlungen kamen – die Schriftgelehrten. Sie waren gebildete Männer, die alle Geschichten der Bibel kannten und jeden Tag über Gott nachdachten. Sie meinten, sie wüssten am besten Bescheid über Gott – und sie ärgerten sich oft über Jesus. Er sprach anders von Gott. Er tat so, als würde er Gott persönlich kennen. Sie hielten ihn für einen Angeber und Betrüger. Sie hörten immer aufmerksam zu. Und wenn Jesus etwas sagte, was sie nicht richtig fanden, erhoben sie Zeigefinger und Stimme und sprachen dagegen. Sie zitierten meist aus den biblischen Schriften, versuchten Jesus nachzuweisen, dass er sich irrte. Auch jetzt schauten sie ernst und mit finsterer Miene, denn was sie gehört hatten, passte ihnen gar nicht. Was bildete sich dieser Wanderprediger eigentlich ein? Wer war er überhaupt? Von diesem Jesus sagten einige, er sei der Sohn Gottes.

Hatte man so was schon gehört? Eine Frechheit war das, die Schriftgelehrten wussten es besser. Ein Scharlatan war er, nichts weiter.
Gott war anders, als Jesus behauptete. Sie, die Schriftgelehrten,
wussten es besser! Was Jesus eben gesagt hatte, machte sie richtig
wütend. Sie schüttelten zuerst die Köpfe und riefen dann: „Uner-
hört!" Oder: „Unglaublich!" Ihr Protest wurde immer lauter. Einer
der Schriftgelehrten war schließlich mutig genug, seinen Protest klar
und deutlich zu sagen: „Wie kannst du es wagen, so etwas zu sagen?
Sünden vergibt allein Gott, der Allmächtige, und nicht du! In den
Schriften steht, dass …"

Jesus unterbrach den Gelehrten und erwiderte: „Du bist sicher ein
weiser Mann, der sehr viel in den Heiligen Schriften liest. Beant-
worte mir darum eine Frage: Was ist einfacher: Einem Menschen zu
sagen, dass seine Schuld vergeben ist, damit er sich nicht weiter von
ihr beugen und lähmen lässt, sondern die Chance hat, neu anzufan-
gen, sich aufzurichten und neue Schritte zu wagen? Oder ist es leich-
ter, diesem gelähmten Mann zu sagen: ‚Steh auf, nimm deine Decke
und geh nach Hause?'"

Und ohne die Antwort des verdutzten Schriftgelehrten abzuwarten,
hielt er dem Mann am Boden die Hand hin und sagte: „Gott, der
unser treusorgender Vater und unsere liebende Mutter ist, hat mir
Kraft und Vollmacht gegeben. Darum sage ich dir: Richte dich auf,
steh auf deinen eigenen Füßen und wage neue Schritte! Steh auf,
nimm deine Decke – und geh!"

Der Mann ergriff Jesu Hand und setzte sich auf – alle hielten den
Atem an. Er stellte ein Bein auf, das zweite, dann zog er sich an Jesu
Hand nach oben – und stand. Zwar noch etwas wackelig, aber er

stand. Er ließ Jesu Hand los und trat von seiner Decke herunter, die ihn eben noch trug. Er bückte sich, rollte sie ein, nahm sie unter seinen linken Arm, umarmte Jesus – und ging. Die Menge bildete eine Gasse wie für einen König. Atemlose Stille beherrschte den Raum, auch die Schriftgelehrten konnten es nicht glauben, was sie sahen: Der Gelähmte ging auf eigenen Beinen.

Das Staunen war maßlos! Nach einer Weile fingen einige Menschen an zu singen und zu jubeln, alle stimmten ein, sie priesen Gott und streckten die Hände zum Himmel. Nur die Schriftgelehrten jubelten nicht. Sie gingen, wie immer, zornig davon.

Jesus ist zu Gast bei Zachäus

Lukas 19,1–10

Jesus war ein Meister der Veränderung, er veränderte Menschen. Er konnte sie dazu bewegen, ihr Leben anders zu leben – um glücklicher zu sein und um gute Gemeinschaft mit anderen zu haben. Diese Veränderung bei Menschen schaffte Jesus nicht mit Drohungen und Zwang, mit Strafe oder Gewalt. Es gelang ihm durch klare Worte und ehrliches Vertrauen in die Fähigkeit jedes Menschen, sich zu verändern. Jesus war sich sicher: Was immer einen Menschen von Gott trennte oder von seinen Mitmenschen – es war zu verändern, zu verbessern, zu heilen. Jesus gab den Menschen Mut, den Schritt zu wagen, ihr Leben anders zu führen und falsche Wege zu verlassen.

Zachäus war Zöllner von Beruf. Früher war es üblich, dass Städte zum Schutz vor Feinden mit hohen Mauern umgeben waren und man nur durch die bewachten Tore in die Stadt hineinkam. Wollte man also auf den Markt, um einzukaufen oder etwas zu verkaufen, musste man am Tor um Einlass bitten. Dort standen Wachen, und dort saß ein Zöllner. Der kassierte von jedem, der hineinwollte, Eintrittsgeld – den Zoll. Das Geld bekamen die Mächtigen der Stadt – sie bezahlten damit die Wachen, die Stadtmauer, den Zöllner. Und was übrig blieb, nahmen sie für sich selbst.

Als Zachäus Zöllner war, herrschten die Römer über das Land. Sie erhöhten die Zölle, weil sie auch noch daran mitverdienen wollten. So musste also jeder, der in die Stadt hineinwollte, ob als Kunde oder

Händler, als Besucher oder Stadtbewoh-
ner, der nach Hause wollte, Zoll bezahlen. Das ärgerte die Menschen.

Zachäus war ein gieriger Zöllner. Er nahm
den Menschen den Zoll ab, den die Stadtherren und die Römer haben wollten, schlug aber
immer noch etwas obendrauf, das er in seine eigene
Tasche steckte. Kam zum Beispiel jemand zum Viehmarkt mit einem
sehr stattlichen Ochsen, der einen guten Preis erzielen würde, sagte
Zachäus: „Halt! Zoll! Drei Silberstücke!"

„Was?", sagte dann der Viehhändler erbost. „Wieso denn drei? Der
Zoll beträgt zwei Silberstücke!"

„Nun", sagte Zachäus grinsend, „du wirst mit deinem Ochsen ein
ordentliches Sümmchen Geld verdienen – wenn ich dich einlasse.
Wenn ich dich nicht auf den Viehmarkt lasse, wirst du deinen Ochsen
nicht verkaufen und kannst wieder nach Hause gehen. Also ist es
doch nur gerecht, dass meine Großzügigkeit belohnt wird, findest du
nicht?"

Wenn dann der Viehhändler schimpfte oder nicht zahlen wollte, rief
Zachäus eine Wache, die ihn vertreiben sollte. Darum zahlten die
meisten Menschen auch den überhöhten Zoll, weil sie ja sonst nicht
in die Stadt gekommen wären. Und Zachäus hatte tausend Gründe,
den Zoll zu erhöhen – keiner war jedoch rechtmäßig.

So erpresste er die Menschen seit Jahren. Den Stadtherren und den
Römern war das egal – Hauptsache, Zachäus gab ihnen ihren Anteil.
Die Menschen waren machtlos gegen dieses Treiben. Aber sie hassten
Zachäus und die anderen Zöllner dafür. Niemand wollte etwas mit

Zachäus zu tun haben. Zachäus hatte keine Freunde. Auch darum bereicherte er sich so hemmungslos – von dem Geld konnte er sich alles kaufen, wozu brauchte man da noch Freunde?

Eines Tages hörte Zachäus, dass Jesus in der Stadt sei. Von diesem Mann waren ihm schon die unglaublichsten Dinge zu Ohren gekommen. Er sei jemand, der Geschichten von Gott erzählte, Menschen heilen könne, der Wunder vollbrachte und keine Angst vor den Mächtigen habe. Den wollte er unbedingt sehen. Vielleicht würde er ja auch Zeuge eines Wunders oder sogar eines Streits mit den Gelehrten. Zachäus wusste, dass die Gelehrten Jesus nicht leiden konnten und ihn deshalb immer wieder auf die Probe stellten. Zachäus wollte sich ein eigenes Bild machen und beschloss wie viele Menschen der Stadt, Jesus zuzuhören.

Als Zachäus auf die Straße ging, staunte er: Es waren schon viel mehr Menschen unterwegs, als er erwartet hatte. Der Platz, wo Jesus reden würde, war schon voll. Ebenso die Straßen, über die Jesus zum Platz kommen würde. Menschenmassen säumten die Straßen, wie Mauern standen sie rechts und links des Weges, dicht gedrängt, und ließen keine Lücke. Nun war Zachäus ein Mann von kleiner Gestalt, die meisten Erwachsenen waren größer als er – dafür musste er oft eine Menge Spott erfahren, wenn er durch die Stadt ging. Nur in seinem Zöllnerhäuschen fühlte er sich groß – und wenn jemand Einlass begehrte, den er wiedererkannte, weil er ihn auf der Straße schon mal für seine kurzen Beine ausgelacht hatte, erhöhte er den Zoll auch schon mal auf vier Silberstücke.

Jesus schien sich zu nähern, die Leute am Anfang der Straße begannen zu jubeln und zu winken. Alles, was Zachäus sah, waren die

Rücken der Menschen, die ihm die Sicht versperrten. Er hüpfte, konnte aber nicht über die Menschen schauen. Er bückte sich, konnte aber nicht durch die vielen Beine der Menschen hindurchblicken. Er versuchte es mit Drängeln – die Leute ließen ihn nicht durch.

„Hau ab, Zachäus. Hier ist alles voll, siehst du das nicht?", herrschten ihn die Leute an.

„Hör auf zu drängeln, geh woanders hin!"

Manche trieben ihren Spott mit Zachäus.

Einer rief: „Seht, der feine Herr Zöllner mitten unter uns! Welch eine Ehre! Heute möchtest du mal durchgelassen werden, hm? Gerne – macht drei Silberstücke!"

Die Menge lachte schallend.

Ein anderer rief: „Hey, Zachäus, möchtest du dir einen Platz in der ersten Reihe kaufen? Ich biete dir meinen an – für … sagen wir … 10 Silberstücke! Abgemacht?"

Ein Händler grinste: „Herr Zöllner, schaut: Diese schöne alte Gemüsekiste ist genau die richtige Hilfe gegen zu kurze Beine. Ich verkaufe sie Ihnen für 1.000 Silberstücke. Es ist meine letzte …!"

Die Menge brüllte vor Lachen, und Zachäus ging wutentbrannt mit hochrotem Kopf davon.

An einer Ecke sah er einen Feigenbaum, dessen Äste so tief hinabreichten, dass sie seinen Kopf berührten. Da kam ihm der rettende Gedanke: Er kletterte flink bis in die Spitze des Baumes. Ja, wunderbar! Von hier oben konnte er die ganze Straße einsehen – und dahinten, das musste Jesus sein. Da kam er an der Spitze einer kleinen Gruppe, seine Freunde und Freundinnen. Wie aufregend!

Den Umstehenden blieb nicht verborgen, dass Zachäus auf den Baum

geklettert war. Die Kinder zeigten hinauf in den Baum, die Eltern lachten und spotteten: „Zachäus, hast du den Baum gekauft? Du bist hoffentlich nicht ohne zu bezahlen da hinaufgestiegen?

Wie gut, dass du deinen Geldbeutel nicht mitgenommen hast, sonst würden die Äste jetzt brechen unter dem Gewicht!"

Und die Kinder riefen singend: „Zachäus, der kleine Mann, muss klettern, dass er gucken kann! Zachäus, der kleine Mann, muss klettern …"

Zachäus hörte gar nicht hin. Gebannt blickte er auf den herannahenden Jesus. Gleich würde er direkt an dem Feigenbaum vorbeigehen! Doch dann blieb Jesus stehen – direkt unter dem Baum –, schaute nach oben und lächelte.

Jesus hatte die Spottverse der Kinder gehört und sagte: „Zachäus, komm herunter vom Baum! Ich möchte heute dein Gast sein!"

Augenblicklich war es totenstill! Was hatte Jesus gesagt? Hatten sich die Menschen verhört? Auch Zachäus traute seinen Ohren nicht: „Was will Jesus? Mein Gast sein? Unmöglich … ich muss mich verhört haben", dachte er. Langsam stieg er vom Baum und stand schließlich vor Jesus. Er sah zu ihm auf und fragte: „Bei mir möchtest du zu Gast sein, Jesus? Ausgerechnet bei mir?"

„Ja", erwiderte Jesus, „ausgerechnet bei dir! Oder passt dir das nicht?"

„Doch", antwortete Zachäus eilig, „doch, doch – ich weiß nur nicht, ob ich genug zu essen im Haus habe und ausreichend Schlafplätze für deine Begleitung!"

„Da mach dir keine Sorgen, Zachäus. Es wird schon alles genau richtig sein!"

Und Jesus folgte Zachäus, der eilig trappelnd in Richtung seines Hauses lief und sich immer wieder umdrehte, um zu schauen, ob Jesus ihm wirklich noch folgte.

Die Menschen waren still und erstarrt. Es war ein Schock! Alle hatten sich auf Jesus gefreut. Alle waren gespannt gewesen, was er zu erzählen hatte. Und nun ging er einfach zu Zachäus und beachtete sie gar nicht weiter. In dieser Stadt gab es so viele gute, ehrliche, hilfsbereite, freundliche, gläubige Menschen – jeder von ihnen hätte sich gefreut, Jesus aufnehmen zu dürfen. Und dann lädt Jesus sich selber ein – ausgerechnet bei dem größten Gauner und Betrüger der Stadt. Das war ein Skandal! Als die Menschen nach einiger Zeit ihre Sprache wiedergefunden hatten, gab es einen Tumult. In kleinen Grüppchen standen sie zusammen und diskutierten empört darüber, wie ihnen Jesus nur so etwas antun konnte.

Den Schriftgelehrten, die Jesus nicht leiden konnten, kam das sehr gelegen. Sie riefen in die Menge: „Jetzt wisst ihr, wer dieser Jesus wirklich ist – er ist der Freund der Betrüger und Ausbeuter. Er verbrüdert sich mit denen, die sich nicht an die Gebote Gottes halten. Er redet viele fromme Sachen und handelt dann ganz anders! Er ist ebenfalls ein Betrüger! Wir haben es euch immer gesagt!"

Enttäuscht zerstreute sich die Menge, die Leute gingen nach Hause oder wieder ihrer Arbeit nach.

Bei Zachäus hingegen herrschte große Freude. Niemand aus der Stadt mochte ihn, aber nun war Jesus in sein Haus gekommen.

„Ha, das wird sich herumsprechen", dachte Zachäus. Jetzt würde niemand mehr über ihn lästern. Und wehe, wenn jemand noch freche Reden führen würde, dem nähme er am Stadttor glatt fünf Silberstücke ab!

Jesus erkannte die Gedanken des Zachäus.

„Sag mir, Zachäus, warum sind die Menschen nicht gut zu sprechen auf dich? Warum singen die Kinder Spottlieder auf dich? Und warum nennen dich alle einen Betrüger?"

„Ja, ich weiß auch nicht … sie sind einfach böse!", antwortete Zachäus mit funkelnden Augen.

Jesus sagte nichts und sah ihn an.

Zachäus senkte den Blick, knetete seine Hände. „Nun ja, manchmal habe ich vielleicht … es kann schon sein, dass ich gelegentlich mal zu viel Zoll genommen habe. Ich werde nicht gut bezahlt, weißt du? Vielleicht sind sie deshalb böse auf mich", gab Zachäus zögernd zu, sein Gesicht errötete.

Jesus schwieg immer noch. Er sah ihn durchdringend an, lächelte gütig und nahm seine Hand. Zachäus' Augen füllten sich mit Tränen.

„Zachäus, bist du glücklich?", fragte Jesus.

„Nein, Jesus, richtig glücklich bin ich nicht", brach es aus Zachäus heraus. „Als Kind war ich das – aber heute? Ich bin einsam und allein. Ich habe keine Freunde, und mein einziges Interesse ist das Geld. Ich will immer mehr davon haben, weil ich mir dann kaufen kann, was ich möchte. Doch das Wichtigste gibt es für kein Geld der Welt zu kaufen: Freundschaft, Liebe, Freude … ach, ich bin ein schrecklicher Dummkopf! Kein Wunder, dass mich niemand mag!"

„Du kannst es ändern, Zachäus", sagte Jesus.

„Bestimmt nicht. Wie sollte ich das wohl ändern? Einmal Betrüger, immer Betrüger. Niemand vertraut mir!", entgegnete Zachäus.

„Ich vertraue dir, Zachäus. Wenn du dich änderst, bleibt nichts, wie es war. Jeder Mensch kann sich ändern, kann alles anders machen, was in seinem Leben schiefläuft – zu jeder Zeit. Selbst Gott traut jedem Menschen zu, sich zu ändern. Gott entlässt dich auch aus deiner Schuld. Und wenn Gott es tut, welcher Mensch wollte sich dann hinstellen und dir vorrechnen, was du falsch gemacht hast? Ändere dich – du wirst sehen, Zachäus: Dein Leben beginnt neu! Und alles, was du dir wünschst – Freundschaft, Liebe und Freude –, kann Wirklichkeit werden!"

Zachäus dachte einen Moment nach und sagte dann: „Du hast recht! Jeder kann sich ändern – auch ich. Ich muss es nur wollen und auch tun. Und das werde ich! Egal, ob die Leute mir das glauben oder nicht – meine Taten werden sie überzeugen, dass ich es ernst meine. Schon morgen werde ich nur noch das an Zoll einnehmen, was meine Dienstherren fordern. Und alles, was ich jemals zu viel eingenommen habe, werde ich den Armen dieser Stadt geben."

Und so geschah es. Zachäus änderte sein Leben, wie er es gesagt hatte. Die Menschen der Stadt, die ein reines Herz hatten und die offen waren, erkannten jetzt, warum Jesus ausgerechnet zu Zachäus gegangen war. Doch jene, die eitel waren und gekränkt, weil sie sich von Jesus missachtet fühlten, plapperten nach, was die Schriftgelehrten über Jesus sagten. Sie hätten sich freuen können über die Veränderung des Zachäus. Stattdessen erkannten sie das Wunder nicht.

Der barmherzige Samariter

Lukas 10,25–37

Jesus war ein Meister im Geschichtenerzählen. Das tat er nicht, um die Menschen zu unterhalten und ihnen die Langeweile zu vertreiben. Er tat es, um ihnen zu helfen, ein erfülltes und friedliches Leben miteinander zu leben. Er erzählte auch, was Gott von den Menschen wollte. Seine Geschichten waren voller Bilder, an denen sich die Menschen ein Beispiel nehmen konnten.

Einmal, auf dem Weg nach Jerusalem, trafen sie einen Lehrer, der den Menschen die Geschichten des Alten Testaments erklärte. Er war weise genug, die Begegnung mit Jesus dafür zu nutzen, Jesu Meinung zu erfahren. So fragte er Jesus: „Sage mir, großer Lehrer, was muss ich tun, um ein gutes Leben zu führen, das auch Gott gefällt?"

Jesus antwortete: „Auch du bist ein Lehrer – also sag du mir, was dazu in den Schriften steht, die du studiert hast und die du den Menschen erklärst."

Der Lehrer antwortete: „Die Schrift sagt, ich soll Gott lieben, achten und respektieren – von ganzem Herzen und ganzer Seele. Und ich soll meinen Mitmenschen lieben, achten und respektieren – so wie ich Liebe, Achtung und Respekt für mich wünsche."

Jesus nickte: „Siehst du, du hast die Antwort selbst gegeben! Mehr braucht es nicht."

„Nun gut", sagte der Lehrer, „aber ich frage mich: Wer ist denn mein

Mitmensch? Wem werde ich zum Mitmenschen? Wer ist mein Nächster? Ich kann ja wohl kaum für alle Menschen da sein!"

Jesus erkannte, dass die Antwort auf diese Frage nicht mit einem Satz zu geben war. Also erzählte er eine Geschichte – und er hoffte, dass der Lehrer diese Geschichte weitererzählen würde. Jesus erzählte: „Es war einmal ein Mann auf der Straße von Jericho nach Jerusalem unterwegs – genau auf dieser Straße, auf der auch wir uns gerade begegnet sind. Es wurde schon dunkel, der Mann beeilte sich, um die Stadt vor Einbruch der Dunkelheit zu erreichen. Aber Räuber lauerten ihm auf. Sie überfielen ihn und raubten ihn aus. Verprügelt und halb nackt ließen sie ihn liegen.

Wenig später kam ein Priester vorbei, der sah den Mann am Boden liegen. Er erkannte, dass der Mann Hilfe brauchte, aber der Priester wollte die Stadt ebenfalls noch vor der Dunkelkeit erreichen und sich außerdem die Finger nicht schmutzig machen. Und gewiss würde noch jemand anderes kommen, der dem Verletzten helfen könnte. Also tat er so, als habe er nichts gesehen, wechselte die Straßenseite und ging achtlos am Verletzten vorüber.

So blieb der Mann die ganze Nacht am Straßenrand liegen, seine Wunden schmerzten, und er fror erbärmlich.

Am nächsten Morgen kam ein Tempeldiener vorbei, auch der sah den Mann liegen. Er hielt kurz an, schaute, dachte nach – und ging dann eilig weiter. Was hatte er mit dem Mann zu schaffen? Er kannte ihn ja nicht. Vielleicht war der Mann selbst ein Räuber? Außerdem wollte er nicht zu spät zum Tempeldienst kommen.

Eine Stunde später kam ein fremder Kaufmann aus Samarien vorbei, der wollte Geschäfte machen in der Stadt. Die Samariter waren Ausländer und nicht von allen gern gesehen im Land. Man begegnete ihnen mit Misstrauen und hatte keine hohe Meinung von ihnen. Der Samariter sah den Mann, erschrak und hatte großes Mitleid. Er eilte zu ihm, reinigte und verband seine Wunden, gab ihm zu trinken und zu essen. Er konnte sich mit ihm nicht verständigen, denn er sprach eine andere Sprache als der Verletzte. Aber er lächelte ihn an und sprach ihm in seiner Sprache Mut zu. Dann lud er den Verletzten auf seinen Esel und brachte ihn zur nächsten Herberge. Dort bekam der Verletzte ein weiches Bett, frisches Wasser, Brot und neue Kleider. Der Samariter bezahlte alles und gab dem Wirt der Herberge noch mehr Geld, damit er den Verletzten pflegte. Er selbst zog weiter in die Stadt. Auf dem Rückweg aus der Stadt, in der er seine Waren verkauft hatte, hielt er wieder bei der Herberge an und besuchte den Verletzten. Es ging ihm schon viel besser, das freute den Fremden. Er gab dem Wirt nochmals Geld, damit der Verletzte so lange bleiben konnte, bis er wieder ganz gesund wäre, verabschiedete sich und zog zurück nach Samarien."

Jesus machte eine lange Pause. Dann fragte er: „Was denkst du: Wer von den Menschen in dieser Geschichte hat erkannt, dass der Verletzte sein Mitmensch, sein Nächster ist?"

Ohne Zögern antwortete der Lehrer: „Das ist einfach – natürlich der, der ihm half!"

„Siehst du, und wieder hast du selbst die Antwort auf deine Frage gegeben. Du weißt gut, worauf es ankommt – nun sei du in dieser Welt Mitmensch denen, die dich brauchen – ganz so wie der Samariter in der Geschichte!"

Der heimkehrende Sohn

Lukas 15,11–32

Jesus war ein Meister der Bildsprache. Gott, den er gut kannte und verstand, ist für viele Menschen ein Rätsel. Weil man Gott nicht sehen und anfassen kann, glauben viele nicht daran, dass es überhaupt einen Gott gibt. So versuchte Jesus, in Bildern zu sprechen – er suchte Vergleiche, in denen er sagen wollte: So ist Gott – wie ein liebender Vater, wie eine liebende Mutter, wie ein guter Arzt, ein achtsamer Hirte, ein gerechter König, eine verständnisvolle Freundin. Natürlich lassen sich viele Bilder für Gott finden, und keines reicht aus, um uns Gott vollständig zu erklären. Nicht einmal alle Bilder zusammen können das. Jesus war es wichtig, immer wieder neue Bilder zu finden, die davon sprechen, wie Gott uns Menschen begegnet. Einmal erzählte Jesus:

„Ein Vater hatte zwei Söhne. Beide arbeiteten auf dem Hof des Vaters und sollten ihn erben, wenn der Vater einmal sterben würde. Der ältere Sohn freute sich darauf – der jüngere Sohn war sich nicht sicher, was er wollte.

Er dachte: ‚Der Hof wird mich sicher mein ganzes Leben ernähren – aber er bedeutet auch ganz schön viel Arbeit. Ein Leben lang jeden Morgen noch vor der Sonne aufstehen, die ganze Arbeit im Stall und auf den Feldern. Und abends dann todmüde ins Bett fallen. Das soll mein ganzes Leben sein? Die Welt ist groß und bunt, es gibt so viel zu erleben: große Städte, ferne Länder, viele spannende Menschen.

146

Ich will was erleben! Ich will etwas von der Welt sehen, in der ich lebe. Wenn ich hierbleibe, werde ich auf dem Hof versauern. Außerdem wird mein Bruder immer der Chef auf dem Hof sein, denn der Ältere ist der Haupterbe.'

So ging er eines Tages zum Vater und bat: ‚Vater, bitte zahl mir mein Erbe aus. Ich möchte nicht mein ganzes Leben auf dem Hof verbringen. Ich will hinaus in die Welt!'

‚Mein lieber Sohn, der Hof ernährt unsere Familie. Er wird auch für dich, deinen Bruder und eure Familien sorgen. Bedenke das', sagte der Vater nachdenklich.

‚Ich habe es bedacht, Vater. Trotzdem habe ich so entschieden. Bitte zahl mich aus.'

Also zahlte der Vater dem Sohn den Wert des halben Hofes aus und ließ ihn ziehen. Der Sohn verabschiedete sich von allen herzlich und ging fröhlich. Sein Bruder war enttäuscht – die Arbeit, die sein Bruder sonst getan hatte, musste er sich nun mit den Knechten teilen.

Der Jüngere reiste in ferne Länder und staunte über fremde Städte, exotische Speisen, andere Menschen und Sprachen. Er reiste von Land zu Land und von Stadt zu Stadt, bis er müde vom vielen Reisen wurde. Die Stadt, in der er gerade lebte, gefiel ihm gut und er beschloss, sich dort niederzulassen. Er mietete sich ein Zimmer in der besten Herberge am Ort. Vielleicht würde er sich irgendwann sogar ein eigenes Haus hier kaufen und eine Arbeit aufnehmen, um Geld zu verdienen. Aber erst einmal gab es noch so viel zu sehen und zu erleben, da wollte er seine Zeit nicht mit Arbeit verschwenden. Außerdem war er ein reicher Mann, er musste nicht arbeiten, wenn er nicht wollte. Mit seinem Reichtum wollte er auch nicht geizig sein. Alle sollten etwas von seinem Reichtum haben. Er schenkte großzügig, er half allen, die ihn um etwas baten, er lud zu Festen und Feiern ein – und so war er bald sehr beliebt bei den Menschen. Es sprach sich herum, dass der Fremde reich war. Wenn sie ihn abends kommen sahen, setzten sie sich gern zu ihm an den Tisch, lachten und scherzten, sprachen und lauschten – und lebten auf seine Kosten. Er hielt die Menschen für seine Freunde, zahlte bereitwillig alle Speisen und Getränke für sie. Manchmal kamen auch arme Menschen zu ihm und baten ihn um Geld – er gab ihnen etwas. So schrumpfte sein Vermögen immer mehr. Und eines Tages war das Geld verbraucht. Der Wirt bat ihn zu gehen, obwohl er immer pünktlich bezahlt hatte. Diejenigen, von denen er dachte, sie wären seine Freunde, wollten nichts mehr mit ihm zu tun haben. Und als er, nun ohne Geld, Menschen bat, ihm etwas zu leihen, wiesen sie ihn ab und schimpften ihn einen Bettler. Liebend gerne hätte er jetzt eine Arbeit angenommen, aber wo er auch nachfragte, sagten alle: ,Einen Fremden wie dich wollen wir hier nicht – sieh zu, dass du weiterkommst!'

Nach langem Suchen fand er einen Mann, der ihn als Schweinehirten beschäftigte. Er musste im Schweinestall wohnen und schlafen und war bald so schmutzig wie die Tiere. Er bekam keinen Lohn, wenig Essen – und als er einmal vor Hunger nicht in den Schlaf fand, aß er von dem Futter der Schweine. Das bemerkte der Mann, der ihn eingestellt hatte, beschimpfte und verprügelte ihn dafür.

Es war ein hartes Leben, und er bereute oft, dass er sich nicht um Arbeit und ein Zuhause bemüht hatte, als er noch über das Geld seines Vaters verfügte. Er hätte es nicht so leichtfertig ausgeben, sondern sich lieber dafür nützliche Dinge kaufen sollen. Er hätte vielleicht rechtzeitig wieder nach Hause reisen und sich dort eine Existenz aufbauen sollen. Ja, vielleicht hätte er ganz anderes handeln sollen – aber nun war es zu spät.

‚Selbst der geringste Knecht auf dem Hofe meines Vaters hat es besser als ich. Was war ich für ein Dummkopf! Ich habe mich blenden lassen vom Reichtum und alles sinnlos verprasst. Ich werde zurückgehen, meinen Fehler eingestehen und hoffen, dass mein Vater und mein Bruder mich wieder aufnehmen. Ich werde nicht mehr wie ein Sohn und Bruder mit ihnen auf dem Hof leben können – aber das verlange ich auch gar nicht. Ich will ihr Diener sein und bescheiden leben.‘

Eine so weite Reise zurück nach Hause ganz ohne Geld war nicht einfach. Es dauerte lange, bis der Jüngste schließlich in der Ferne den Hof von Vater und Bruder auftauchen sah.

Als der Vater von ferne sah, dass sich jemand dem Hof näherte, wusste er sofort, dass es sein Sohn war. Er lief ihm entgegen, umarmte ihn und rief: ‚Mein Sohn! Wie ich mich freue, dass du wieder da bist!‘

Der Sohn war beschämt und sagte: ‚Vater, ich habe so viel falsch gemacht, so dumme und schlimme Dinge getan. Ich habe gegen die Gebote Gottes gehandelt, gegen Sitte und Anstand und gegen alles, was du mich gelehrt hast! Ich bin es nicht wert, dass du mich deinen Sohn nennst.'

Doch der Vater küsste und herzte ihn, so froh war er, seinen Sohn wiederzuhaben. Auf dem Hof rief er seinen Knechten zu: ‚Bringt Wasser zum Waschen, frische Gewänder und Schuhe, bringt Ringe und Schmuck! Schnell, schlachtet ein Kalb, bereitet ein Festmahl – wir haben Großes zu feiern. Mein Sohn ist nach Hause zurückgekehrt!'

Der ältere Sohn kam vom Feld und sah das geschäftige Treiben auf dem Hof. ‚Was ist hier los?', fragte er verwundert.

‚Dein Bruder ist wieder da. Wir feiern ein Fest!' rief ihm ein Knecht im Vorbeilaufen zu.

‚Was?', schrie der Ältere zornig. ‚Der Taugenichts wagt sich wieder nach Hause? Hat wohl sein ganzes Geld verprasst und weiß nicht mehr, wohin. Vom Hof sollte man ihn jagen, aber kein Fest für ihn feiern!'

Er suchte den Vater, der war drinnen im Haus bei dem jüngeren Sohn. Der Vater sah den Älteren und rannte vor die Tür.

‚Komm rein, begrüß deinen Bruder, er ist zurück!', freute sich der Vater.

‚Niemals!', schrie der Ältere und er hatte Tränen in den Augen vor Zorn. ‚Das ist nicht gerecht, Vater! Das ist wirklich nicht gerecht. Ich arbeite all die Jahre auf dem Hof, tue alles, was du sagst. Ich mühe mich, unseren Reichtum zu erhalten und zu mehren, habe keine freie Zeit und kümmere mich um alles. Hast du für mich jemals auch nur einen Ziegenbock geschlachtet, um ein Fest mit Freunden zu feiern und deine Freude zu zeigen, dass ich bei dir geblieben und nicht gegangen bin? Nein! Aber der, der die Hälfte deines Besitzes mit Halunken und Gaunern ausgegeben hat, der auf der faulen Haut gelegen hat und sich ein feines Leben gemacht hat, während wir hier hart gearbeitet haben, dem schlachtest du ein Kalb? Das ist nicht gerecht, Vater! Ich werde sicher nicht mehr mit dem an einem Tisch sitzen und auch nicht mit ihm feiern!'

Er drehte sich um und ging weg.

Der Vater rief: ‚Höre, mein geliebter Sohn. Habe ich dir je verboten, etwas zu nehmen von diesem Hof? Es gehört doch ohnehin alles dir. Hast du jemals geplant, ein Fest mit deinen Freunden zu feiern? Du hättest es nur zu tun brauchen – es ist dein Hof und deine Heimat! Du hast sicher und gut gelebt, keinen Hunger und keine Demütigungen erleben müssen. Ja, dein Bruder hat schwere Fehler gemacht und teuer dafür bezahlt. Er hat eingesehen, dass er falsch gehandelt hat. Er hatte den Mut, seinen Fehler zu bekennen und zurückzukommen. Das verdient Respekt und Vergebung. Ich hatte über Jahre nur noch einen Sohn – nun ist auch der zweite wieder da. Freu dich und sei unbesorgt – dir wird es auch weiterhin an nichts fehlen!', rief der Vater ihm nach.“

Das Gleichnis vom verlorenen Schaf

Matthäus 18,12–14 / Lukas 15,3–7

Jesus erzählte viele Geschichten und Gleichnisse. In dem folgenden Gleichnis vergleicht Jesus Gott mit einem Hirten, der jedes seiner Schafe so lieb hat, dass er sogar ein einziges sucht, obwohl er noch ganz viele andere hat. Damit wollte Jesus den Zuhörenden erklären, dass jeder Mensch für Gott wichtig ist. Egal, wie viele Menschen es gibt – keiner darf verloren gehen. Es kommt auf jeden Einzelnen an! Jesus erzählte das Gleichnis so:

„Ein Hirte hatte hundert Schafe und kannte jedes mit Namen. Er sorgte für alle gut. Jeden Tag führte er sie auf die saftigsten Wiesen, damit sie genug zu fressen fanden. Einmal am Tag suchte er eine Wasserstelle mit ihnen auf, damit sie sich satt trinken konnten – er brach nicht eher auf, bis auch das letzte genug Wasser bekommen hatte. Wenn ein Schaf sich einen kleinen Stein oder einen Dorn in den Huf getreten hatte, fing der Hirte es ein und entfernte den schmerzenden Dorn und bestrich die Wunde mit einer Heilsalbe, die er aus Wiesenkräutern hergestellt hatte. Manchmal humpelte das Schaf dann noch etwas, aber schon am nächsten Tag sprang es wieder munter umher. Der Hirte half den Mutterschafen, wenn sie Lämmer auf die Welt brachten, und den Böcken, wenn sie sich bei einem Kampf zu kräftig die Hörner gestoßen hatten. Abends trieb er seine

Schafe an einen sicheren Ort und wachte am Feuer, um sie vor Raubtieren zu schützen. Die Schafe waren sein Leben – der Hirte hatte sie alle lieb.

Eines Abends bemerkte er, dass ein Schaf fehlte – er wusste genau, welches. Da brachte er die anderen neunundneunzig in ein sicheres Gehege aus Dornenbüschen, wo kein wildes Tier sie überfallen konnte, verschloss den Eingang sorgfältig und machte sich auf die Suche. Er rief das Schaf und lauschte in die Dunkelheit, ob er sein Mähen hörte. Der Hirte verfolgte den ganzen Weg zurück, den sie am Tage zusammen gegangen waren. Er suchte alle umliegenden Wiesen ab, wohin das Schaf sich vielleicht auf der Suche nach Futter verirrt haben könnte. Nach vielen Stunden, in denen er eigentlich hätte schlafen müssen, fand er das verlorene Schaf. Es hockte zitternd unter einem Busch, und der Hirte nahm es auf seine Schultern und trug es zurück zu den anderen Schafen. Auf dem Rückweg redete er sanft auf das Schaf ein, damit es seine Angst verlor. Er freute sich, als es wieder ganz ruhig atmete.

Am nächsten Tag zog der Hirte mit den Schafen an den Rand des Dorfes, in dem viele seiner Freundinnen und Freunde lebten. Er lud alle zu einem Fest ein.

‚Was ist denn der Grund deines Festes? Ist etwas Besonderes geschehen?‘, fragten die Freunde.

‚Ja‘, gab der Hirte zur Antwort, ‚ein Schaf war verloren und ich habe es wiedergefunden! Ich freue mich so!‘

Das verstanden die Freunde gut und sie freuten sich mit dem Hirten über das gerettete Schaf.“

Jesus feiert das Abendmahl

Matthäus 26,1–5.14–29 / Markus 14,1–2.10–25 /
Lukas 19,28–40; 22,1–23.31–34 /
Johannes 12,12–19; 13,36–38

Jesus und seine Freundinnen und Freunde hatten sich auf den Weg nach Jerusalem gemacht. Jesus wusste, dass in Jerusalem etwas Besonderes geschehen würde – denn Jerusalem war ein besonderer Ort. Es war eine große und prächtige Stadt, die Hauptstadt des Landes. Hier regierten unter römischer Aufsicht die Machthaber des jüdischen Volkes. In Jerusalem lebten viele, viele Menschen, die bereits von Jesus gehört hatten. Hier wohnten Freunde, die erkannten, dass Jesus ein besonderer Mensch war – und Feinde, denen Jesus ein Dorn im Auge war.

Im letzten Dorf vor der Stadt schickte Jesus zwei seiner Begleiter aus, ihm ein Eselsfohlen zu bringen. Darauf wollte er in die Stadt reiten. „Wo sollen wir denn ein Eselsfohlen finden?", fragten sie mit hochgezogenen Augenbrauen, ganz verwundert über den Wunsch ihres Meisters.

„Ich beschreibe euch den Weg, ihr könnt es nicht verfehlen", antwortete Jesus ruhig.

„Aha", sagte einer der beiden, „dann kennst du also den Besitzer des Esels? Warst du denn schon mal hier?"

„Nein", entgegnete Jesus.

Da waren die beiden noch ratloser. „Aber wie sollen wir denn das

Eselsfohlen bekommen? Willst du es kaufen? Wir haben doch kaum noch Geld!"

„Sagt dem Besitzer des Esels: ‚Jesus braucht das Fohlen, überlass es uns!' Das wird reichen", erklärte Jesus.

Kopfschüttelnd gingen die beiden den Weg, den Jesus ihnen beschrieben hatte. Sie diskutierten unterwegs, hatten große Zweifel, dass sie das Fohlen bekämen, und schämten sich auch ein wenig – sie sollten von einem Bauern ein Tier erbetteln? Das war ihnen nicht recht.

Kurz darauf kamen sie zurück, lachten und winkten schon von Weitem.

„Unglaublich! Es war genauso, wie du gesagt hast. Der Bauer hat uns das Tier freudestrahlend überlassen. Er hat keine Fragen gestellt, wollte kein Geld. Wir sollen dich grüßen!", erzählten die beiden hastig durcheinander.

Sie legten einige Tücher und Decken über den Rücken des Tieres, und Jesus nahm darauf Platz. Es sah ein wenig seltsam aus, denn Jesus schien auf dem kleinen Esel ein wenig zu groß. Das Tier jedoch trug ihn offenbar mühelos, war weder störrisch noch langsam. Es lief schnurstracks auf das Stadttor zu. Jesus und seine Freundinnen und Freude erbaten Einlass, und die Nachricht seiner Ankunft verbreitete sich wie ein Lauffeuer.

Zuerst waren es nur ein paar Menschen, die am Straßenrand standen – dann kamen immer mehr. Viel mehr als sonst, wenn sie in einen Ort kamen. Zudem war die Stadt mit vielen Fremden bevölkert, weil bald das große Paschafest stattfinden sollte – das Fest, bei dem sich die Juden an die Befreiung aus Ägypten erinnerten. Aber ob Einheimische oder Fremde – die meisten hatten von Jesus bereits gehört. Die Menschenmauern rechts und links der Straße wuchsen. Viele hatten Zweige von Palmen in den Händen und legten sie vor Jesus in den Staub der Straße. Einige zogen sogar ihre Gewänder aus und legten sie auf den Weg, den Jesus mit seinem kleinen Esel entlangritt. Sie taten das als Zeichen der Verehrung und der Freude. Sie jubelten, sangen und riefen: „Da kommt er, der Weise, der Gelehrte! Willkommen, neuer König! Gott selbst hat dich geschickt. Ja, Jesus kommt im Namen Gottes, des Schöpfers des Himmels und der Erde! Er kommt, um uns zu befreien und zu retten! Hosianna! Jesus, der König und Befreier! Hosianna!“

Das war ein Jubelruf, den die Menschen immer lauter und lauter anstimmten – im Vertrauen auf Gott und zur Ehre des Menschen Jesus. Es herrschte eine festliche Stimmung mit Gesang und Tanz. Die Freundinnen und Freunde Jesu, die hinter ihm in die Stadt einzogen, bekamen leuchtende Augen. Einen solchen Empfang hatten sie noch nirgendwo bekommen. Der Jubel ließ auch sie lachen und winken, sie waren ganz aus dem Häuschen vor Freude und Staunen.

Nicht alle jedoch sahen dieses Geschehen mit Freude. Da waren Schriftgelehrte, die schon davon gehört hatten, dass Jesus manches von Gott verkündete, mit dem sie nicht einverstanden waren – denn sie meinten, nach vielen Jahren des Studierens besser zu wissen, wer Gott war und was Gott wollte. Sie murrten und schauten finster. Dieser Jesus, was bildete der sich eigentlich ein? Es gab auch Menschen aus der jüdischen Stadtverwaltung, die Jesu Ankunft nicht begrüßten. Jesus stiftete Unruhe, vielleicht sogar Aufruhr mit seinen Worten, da waren sie sich einig. Wahrhaftig, da riefen die Leute etwas von „neuem König", von „Befreiung" und „Rettung"! Was würden die Römer dazu sagen? Bestimmt würden sie Ärger mit den mächtigen Römern bekommen, wenn sie diesem Treiben auf der Straße nicht Einhalt gebieten würden. Doch was sollten sie tun? Jesus war beliebt, das Volk feierte ihn. Die römischen Soldaten standen teilnahmslos am Rande des Zuges und taten nichts. Dieser Jesus würde sicher nichts als Probleme machen, sie ärgerten sich – wäre er doch bloß weitergezogen!

Kurze Zeit später kam noch eine Gruppe Menschen dazu, die plötzlich etwas gegen Jesus hatte: die Geschäftsleute und Händler der Stadt. Sie hatten vor und im Tempel ihre Stände aufgebaut, weil dort stets viele Menschen ein- und ausgingen. Das war gut für ihr Geschäft. Als Jesus das sah, sprang er aus heiterem Himmel von seinem Esel, kämpfte sich durch die verdutzte Menge und rannte in den Vorhof des Tempels. Einige Freunde eilten verwundert hinter ihm her – und trauten ihren Augen nicht. Sie dachten, Jesus wollte vielleicht beten, aber er tat etwas ganz Unglaubliches: Er trat mit den Füßen gegen die Tische und Marktstände und gegen die ausgestellten Waren

der Händler und Kaufleute. Er schleuderte Tonkrüge und Stoffballen durch die Halle, Hühner flogen aus den Käfigen, Eier gingen zu Bruch, das zu großen Haufen aufgestapelte Gemüse purzelte von den Tischen. Jesus schrie und tobte. So hatte noch niemand Jesus erlebt! Die Händler krochen auf dem Boden herum, um ihr Geld einzusammeln, das im Tumult von den Tischen gefallen war. Sie klagten und riefen nach den Wachen, sie sollten diesen Wahnsinnigen festnehmen und einsperren. Sie fürchteten sich. Doch Jesus war selbst von seinen Freunden nicht zu bändigen!

Er schrie: „Dies ist das Haus Gottes! Hier sollen Menschen beten und nachdenken, Gott bitten und Gott danken – dies ist ein Ort der Besinnung! Und was habt ihr daraus gemacht? Ein Haus des Geldes, einen Ort für eure Geschäfte. Ihr habt nur Geld und euren Vorteil im Sinn, keine Achtung und Ehrfurcht vor Gott! Verschwindet, nehmt euren Plunder und verschwindet!"

Die Händler und Kaufleute nahmen eilig das Nötigste und flohen. Manche rannten direkt zur jüdischen Stadtverwaltung, andere zu den römischen Soldaten, die an den Straßenecken standen, um den Vorfall zu melden. Als nach einiger Zeit jüdische Beamte und römische Soldaten am Tempel ankamen, stand Jesus in der Mitte des Betraumes und sprach zu den Menschen, die ihm von der Straße gefolgt waren. Sie sangen und beteten gemeinsam, es war eine andächtige, feierliche Stimmung im Tempel – und die Beamten und Soldaten wagten nicht, Jesus zur Rede zu stellen. Sie zogen ab und überlegten, wie und wo sie diesen Aufrührer fangen könnten.

Die nächsten Tage konnte man sofort sehen, wo Jesus sich gerade aufhielt: immer dort, wo sich eine große Menschenmenge versammelte, wo andächtige Stille und laute Rufe des Lobes abwechselnd zu hören waren, wo Menschen sangen und beteten. Jesus war wie ein Magnet, er zog die Menschen an und von früh bis spät waren er und seine Freundinnen und Freunde unter Massen von Menschen. Alle wollten Jesus sehen und hören, anfassen und sprechen, ihm danken und ihm Fragen stellen. In dieses Gewimmel trauten sich die Feinde Jesu nicht hinein. Sie fürchteten, dass die Menge sie verprügeln würde, wenn sie Jesus auf der Straße verhafteten. Aber geschehen musste etwas, das war klar. Dieser Jesus faszinierte die Menschen. Es würde reichen, wenn er nur ein Wort spräche, und die Menge würde tun, was er sagte. Die Römer schickten mehr Soldaten in die Stadt, angeblich zur Sicherheit während des Paschafestes. Und die jüdischen Beamten, die Stadtverwalter und die Schriftgelehrten berieten, was sie tun sollten. Predigen und mit Menschen singen und beten, das war nicht verboten. Sie mussten Jesus eine Falle stellen. Sie mussten ihn dazu bringen, dass er irgendetwas Ungesetzliches tat – dann wären sie im Recht, ihn zu verhaften. Er müsste gegen die römischen Besatzer reden oder der Gotteslästerung überführt werden – dann hätten sie leichtes Spiel.

So fassten sie einen Plan. An einem Tag kurz vor dem großen Paschafest mischten sich einige Schriftgelehrte unter die Menschen, die Jesus zuhörten. Wie immer gab es die Möglichkeit, Fragen zu stellen. Es meldete sich einer der Gelehrten und sagte: „Großer Lehrer, ich möchte dich etwas fragen. Du sagst, Macht und Einfluss seien in der Welt nicht wichtig. Du sagst, Gott liebe die Schwachen, die Verstoßenen, die Sklaven und die Armen besonders. Mehr sogar als die Reichen und Rechtgläubigen. Was heißt das für unser Leben? Heißt das dann, dass alle Menschen frei sind?"

„Du sagst es", entgegnete Jesus.

„Aha. Nun, großer Lehrer, das hieße also, dass die Menschen allein auf Gott hören müssen?"

„Du sagst es", wiederholte Jesus.

„Aber dann … dann müsste doch auch niemand mehr die römischen Herren achten, und schon gar keine Steuern zahlen – ist es nicht so?", fragte der Gelehrte mit spitzem Mund und schräg gelegtem Kopf.

Jesus ahnte, dass er ihm eine Falle stellen wollte. Der Schriftgelehrte hoffte, Jesus würde zum Aufstand gegen die Römer aufrufen und Freiheit für das Volk Israel fordern. Doch Jesus stellte eine Gegenfrage: „Gelehrter, was willst du hören?"

Der Gelehrte holte Luft, wusste aber nicht zu antworten.

Jesus fuhr fort: „Sag, hast du Geld dabei?"

Erstaunt bejahte der Mann.

„Zeig es mir", bat Jesus ihn.

Der Mann holte eine Münze aus der Tasche.

„Welches Gesicht ist auf der Rückseite der Münze zu sehen?", fragte Jesus.

„Es ist das Gesicht des Kaisers von Rom!"

„Nun, wenn das so ist, dann gehört das Geldstück dem Kaiser aus Rom. Gib dem Kaiser, was dem Kaiser gehört und zusteht – und gib Gott, was Gott gehört und zusteht."

Der Gelehrte schwieg, er wusste nichts zu entgegnen und verschwand in der Menge. Jesus aber spürte, dass man ihm nachstellte und ihm Böses wollte.

Am Vorabend des Paschafestes wollte Jesus mit seinen Freundinnen und Freunden zu Abend essen. Es sollte ein festliches Freundschafts-mahl werden, denn Jesus wusste, dass seine Freiheit und sein Leben in Gefahr waren. Die Hohepriester, die Gelehrten und die jüdischen Beamten, die mit der römischen Besatzung zusammenarbeiteten, wollten ein ruhiges Paschafest ohne Zwischenfälle – sie wollten ver-hindern, dass sich ein Vorfall wie im Tempel mit den Händlern wiederholte. Jesus war schlau genug zu wissen, dass es nicht mehr lange dauern würde, bis seine Gegner zuschlügen. Jedes Mittel wür-de ihnen recht sein. Er fürchtete sogar, dass seine Feinde versuchen würden, jemanden aus seiner Gefolgschaft zum Verräter zu machen. Er wollte mit seinen Nächsten essen, nicht nur, um sie zu sättigen. Er wollte die wichtige Gemeinschaft seiner Anhänger stärken, das Band zwischen ihnen und Gott bekräftigen, er wollte Frieden und Zuver-sicht stiften, Hoffnung schenken und ein Zeichen gegen Gewalt und Tod setzen. Also trug er einigen auf, einen Raum aufzusuchen und herzurichten, den er für diesen Abend ausgesucht hatte. Dort sollten sie gemeinsam speisen. Es gab jede Menge Vorbereitungen, die den ganzen Tag in Anspruch nahmen, frisches Mazzenbrot wurde geba-cken – das ist ein ganz flaches, trockenes Brot –, ein Lamm wurde geschlachtet und gebraten. Abends war alles pünktlich fertig.

Fast alle waren schon da, nur Judas fehlte noch. Jesus wollte gerade mit seinen Freundinnen und Freunden beginnen, als er abgehetzt und verschwitzt in den Raum stürzte. Schweigend setzte er sich mit gesenktem Blick auf den freien Platz, den die Gemeinschaft ihm reserviert hatte. Jesus sah ihn an und spürte, dass es ihm nicht gut ging. Er wurde traurig, weil er ahnte, dass Judas schwach genug war, um seinen Gegnern zu dienen. Aber er sagte nichts zu ihm. Stattdessen stand er auf und wandte sich an die versammelten Freundinnen und Freunde: „Ihr Lieben, ich freue mich, dass wir alle zusammen hier sind und gemeinsam das Paschamahl feiern. Es wird ein besonderes, neues, anderes Paschamahl – und das letzte, das ich mit euch feiern kann."

Einige sahen ihn erstaunt an, manche blickten traurig zu Boden, weil sie wie Jesus ahnten, dass nun auf alle schwere Zeiten zukommen würden. Bevor jemand etwas sagen oder fragen konnte, begann Jesus mit einem Dankgebet und alle beteten mit ihm. Jesus feierte heute das Paschafest nicht nach den üblichen Regeln, sondern er nahm das

Brot, brach es in Stücke und sprach: „Nehmt und esst vom Brot des Lebens. Es stärke eure Gemeinschaft und schenke euch Kraft zum Glauben. Wenn ihr dies zukünftig tut, denkt an mich. Seid gewiss: So leibhaftig, wie ihr dieses Brot anfassen und schmecken könnt, so leibhaftig werde ich immer bei euch sein, wenn ihr das Brot miteinander esst." Er gab das Brot herum, alle aßen schweigend ein Stück und gaben es dem Nächsten weiter.

Nachdem alle etwas gegessen hatten, nahm Jesus den Kelch mit Wein und sprach: „Nehmt und trinkt den Wein des Lebens. Er schenke euch Liebe und Vergebung, er wasche euer Herz rein und mache euch frei. Wenn ihr dies zukünftig tut, denkt an mich. Seid gewiss: So wahrhaftig ihr Gottes Kinder aus Fleisch und Blut seid, so wahrhaftig werde ich bei euch sein – immer, wenn der Kelch mit Wein bei euch die Runde macht."

Er gab den Kelch in die Runde und alle nahmen einen Schluck Wein. „So sollt ihr feiern, wenn ich nicht mehr bei euch bin."

Sie hatten gar keine Zeit, darüber nachzudenken, was genau Jesus ihnen da eben gesagt hatte. Sie waren ergriffen und bewegt von diesem besonderen Augenblick. Nachdem der Kelch alle erreicht hatte, sprach Jesus zum Abschluss noch ein Dankgebet.

Dann fragte aber doch einer besorgt aus der Runde: „Jesus, was meinst du, wenn du sagst: ‚Wenn ich nicht mehr bei euch bin.' Willst du uns denn verlassen?"

Jesus überlegte eine Weile und antwortete dann: „Ich stehe treu zu Gott und vertraue mich Gott ganz an. Ich sage die Wahrheit und werde mich nicht einschüchtern lassen. Ich werde nichts widerrufen von dem, was ich von Gott erzählt habe oder was ich über Liebe,

Gerechtigkeit und Frieden gesagt habe. Ihr wisst, damit mache ich mir auch Feinde. Und meine Feinde sind mächtig – so mächtig, dass sie es sogar schaffen, meine Freunde gegen mich aufzubringen, um ihr Ziel zu erreichen!"

„Was willst du denn nun damit sagen?", rief Simon Petrus empört. „Das soll doch wohl nicht etwa heißen, dass du jemanden von uns verdächtigst, mit deinen Gegnern zusammenzuarbeiten!"

„Oh, lieber Petrus, leider doch. Wenn sie mich abseits der Versammlungen fangen wollen, dann doch am besten mithilfe eines Menschen aus meiner Gemeinschaft. Wo ihr seid, bin ich auch. Das werden sie nutzen", sagte Jesus traurig.

Ein Tumult brach los, die Freundinnen und Freunde wisperten und tuschelten zusammen, schüttelten die Köpfe, manche wurden wütend.

„Ich bin enttäuscht, dass du so von uns denkst, Jesus!", rief Johannes und sprang auf. Der Stuhl hinter ihm kippte polternd um. „Willst du etwa sagen, dass du mich verdächtigst?"

„Nein", beruhigte Jesus ihn.

Erleichtert hob er den Stuhl wieder auf und setzte sich.

Nun aber wollten die anderen wissen, ob Jesus etwa auf sie angespielt hatte. „Meintest du mich, Jesus?", fragten ihn alle, er schüttelte jedes Mal den Kopf. Als Letzter fragte ihn Judas – er wusste, es würde auffallen, wenn er schweigen würde. Jesus antwortete nicht, sondern sah nur zu Boden und schwieg. Judas sprang auf und rannte aus dem Haus. Nun hatten alle verstanden, dass Judas der Verräter war. Die Jünger wurden zornig, manche wollten hinterherlaufen und Judas zur Rede stellen. Jesus aber hielt sie auf: „Lasst ihn – sein Herz ist schon krank vor Kummer darüber, dass er tat, was er tat." Die Jünger aber waren wütend über Judas und redeten schlecht und abfällig von ihm. Besonders Petrus schimpfte schrecklich über Judas. Verrat sei unverzeihlich!

Da sagte Jesus: „Simon Petrus, jeder Mensch kann irren und schwache Momente haben, in denen er Fehler macht. Darum ist jeder auf Vergebung angewiesen. Das weißt du. Darum rede nicht so!"

„Ich, Jesus, werde immer zu dir stehen. Ich gehe mit dir durch dick und dünn, selbst wenn es meinen Tod bedeuten würde!", rief Simon Petrus mit hochrotem Kopf und legte seine Hand zum Schwur auf sein Herz.

„Ach, mein lieber Freund. Du weißt ja nicht, was alles kommt. Jetzt fällt es dir leicht zu schwören und zu versprechen. Aber wenn Gefahr droht, kannst auch du schwach und kleinlaut werden. Vielleicht hast du morgen früh, wenn der Hahn kräht, schon dreimal behauptet, mich nicht zu kennen", sagte Jesus ruhig.

„Niemals, Jesus! Niemals!", schrie Simon Petrus.

Und auch alle anderen sprangen auf und erklärten Jesus ihre Treue.

Jesus hob beide Hände und sagte: „Seid ruhig. Es geschieht, was unabwendbar ist. Lasst uns auf Gott vertrauen, dass alles einen Sinn hat. Kommt, ich möchte im Garten beten, begleitet mich."

Er stand auf und ging hinaus, alle folgten ihm. Sie gingen zum Garten Getsemani.

Der Tod und die Auferstehung Jesu

Matthäus 26,30–28,8 / Markus 14,26–16,8 /
Lukas 22,39–24,12 / Johannes 18,1–20,10

Schweigend gingen sie durch die Nacht den kurzen Weg zum Garten Getsemani. Dort angekommen bat Jesus seine Freundinnen und Freude, sie sollten auf seine Rückkehr am Eingang des Gartens warten – sie sollten Wache halten, während Jesus sich zum Gebet zurückzog. Jesus ging tief in den Garten hinein. Er fiel zu Boden und weinte. Jesus hatte Angst, auch wenn er auf Gott vertraute. Aber er war eben nicht nur Gottes Sohn, sondern auch ein Mensch aus Fleisch und Blut – und wie jedem Menschen waren auch Jesus Gefühle wie Angst, Trauer oder Wut nicht fremd. Er liebte das Leben und fürchtete sich vor denen, die ihm nachstellten. Er war inzwischen sicher, dass ein Weg voller Leid und Schmerz vor ihm lag. Es war ein Weg, auf dem Gott ihn begleitete – der aber Jesus dennoch nicht erspart bleiben würde. Darum betete Jesus aus vollem Herzen: „Guter Gott, lieber Vater! Stärke mich, denn ich habe Angst! Schenk mir Mut und Zuversicht, damit ich den Weg gehen kann, der vor mir liegt. Du hast mich bis hierher begleitet, bitte bleibe auch in meinen schwersten Stunden bei mir. Ich will nicht weglaufen, sondern bekennen, dass du der lebendige, liebende Gott bist! Auf dich vertraue ich. In deine Hände lege ich mein Leben und meine Seele. Amen."

Jesus fand Trost und Stärkung im Gebet. Als er an die Stelle zurückkam, an der er alle seine Freundinnen und Freunde zurückgelassen
hatte, fand er sie tief schlafend. Jesus war enttäuscht – aber er wusste, dass seine Freundinnen und Freude von den Ereignissen und der
Angst erschöpft waren. Schon hörte er Stimmen, sah Fackelschein.
Da kamen diejenigen, die ihn verhaften wollten. Judas aus seiner
Gemeinschaft führte sie an.

Judas ging auf Jesus zu und nahm ihn in die Arme, gab ihm
einen Kuss und flüsterte: „Vergib mir, Freund und Meister,
sie haben mir versprochen, dein Leben zu schonen!"
Niemand hörte das, Jesus sagte nichts zu Judas. Simon Petrus und die anderen empörten sich, dass Judas ihn an die
Feinde verriet – noch dazu mit der liebevollen Geste des Kusses.
Viele Freundinnen und Freunde stellten sich schützend vor Jesus, andere liefen davon. Einer zog sein unter dem Gewand verborgenes
Schwert und ging auf die Anrückenden los. Noch ehe jemand begriff,
was geschah, schlug er zu – der Soldat, dem der Schlag galt, wich
aus, sodass das Schwert ihm nur das Ohr abtrennte.

Jesus schrie: „Halt, nicht! Steck dein Schwert ein! Und ihr anderen:
Seid friedlich, wie ich es euch lehrte. Dies ist die Stunde der Bewäh-
rung!" Er wandte sich an die Soldaten und ihre Anführer: „Warum
kommt ihr heimlich in der Nacht? Ihr hättet mich jeden Tag in der
Stadt verhaften können. Musstet ihr Zwietracht zwischen meinen
Freundinnen und Freunden säen und einen guten Menschen zum
Verrat anstiften? Wie feige von euch. Und warum kommt ihr schwer
bewaffnet, als müsstet ihr gegen eine ganze Armee kämpfen – ich bin
nur einer. Ich bin ohne Waffen und leiste keinen Widerstand. Nehmt

mich also mit, wie es euch befohlen wurde. Meine Freundinnen und Freunde aber lasst gehen."

Sie banden Jesus die Hände zusammen und führten ihn ab. Seine Freundinnen und Freunde blieben zurück, wütend, traurig, schimpfend, weinend, ängstlich, geschockt, ratlos. Was würden die Soldaten mit Jesus machen?

Sie brachten Jesus vor ein eilig einberufenes Gericht im Haus des hohen Priesterrates. Vor dem Haus im Hof zündeten die Soldaten ein Feuer an, um sich zu wärmen. Simon Petrus war ihnen heimlich gefolgt, um herauszufinden, was mit Jesus geschehen würde. Wie eine Katze schlich er im Schutze der Dunkelheit durch den Innenhof. Plötzlich entdeckte ihn eine Soldat und rief: „Halt! Stehen bleiben!"

Ein paar Soldaten sprangen auf und kamen mit Fackeln und ihren Speeren, Lanzen und Schwertern auf Simon Petrus zu.

„Was schleichst du hier herum?", fauchte der Soldat barsch.

Ein anderer hielt ihm die Fackel vors Gesicht. „Heee!", rief er. „Dich kenne ich doch. Du bist doch auch da in dem Garten gewesen. Du bist ein Freund von diesem Jesus! Ich erkenne dein Gesicht!"

„Nein, nein-nein-nein, du irrst dich! Keine Ahnung, wovon du sprichst", rief Petrus hastig.

Aber ein anderer Soldat pflichtete seinem Kameraden bei: „Doch, doch, du hast recht. Ich habe ihn dort auch gesehen."

„Nein, ihr Herren, ich weiß wirklich nicht, was ihr von mir wollt. Wen, sagt ihr, soll ich kennen ... wie heißt der Mann?", log Petrus schwitzend.

„Spiel kein Theater, Mann", schnauzte ein anderer Soldat,

„wir kennen dich! Ein Freund von Jesus bist du – und du schleichst hier herum, weil du ihn befreien willst! Gib es zu!"

„Nein, Ehrenwort … ich kenne keinen Mann mit Namen Jesus. Ich habe nie von ihm gehört", rief Petrus und fiel auf die Knie und legte zum zweiten Mal an diesem Tag die Hand zum Schwur auf sein Herz, so voller Angst war er.

„Ach, lassen wir diesen Schwächling und wärmen wir uns lieber am Feuer. Die Nacht ist kurz. Seht, er zittert und schwitzt, der Feigling! Was soll er allein gegen uns alle schon ausrichten?", sagte der erste Soldat mit einer abwinkenden Handbewegung – und zu Petrus: „Verschwinde, bevor du deinem Freund Gesellschaft leisten musst! Los, hau ab!"

Simon Petrus lief wie ein davongejagter Hund aus dem Hof, er lief und lief. Endlich machte er Halt und ließ sich erschöpft an einer Hauswand nieder. Sein Herz schlug ihm bis zum Hals, aber hier fühlte er sich sicher. Da hörte er einen Hahn krähen – der Morgen zog herauf –, und er musste an das denken, was Jesus ihm am Abend zuvor gesagt hatte. Jesus hatte recht behalten. Simon Petrus vergrub den Kopf in seine Hände und begann zu weinen – so schämte er sich!

Jesus wurde unterdessen von Gelehrten und hohen Beamten verhört. Einer fragte: „Wer also bist du, dass du so über Gott redest? Die Leute sagen, du seiest von Gott gesandt, der Messias – Gottes Sohn!"

„Was immer ich antworte, euer Urteil über mich steht doch schon lange fest", sagte Jesus ruhig.

„Dann bist du also der Sohn Gottes, der Gesandte?", fragte der Mann noch mal.

„Du sagst es", entgegnete Jesus.

Ein Raunen ging durch die Versammelten.

„Du gibt es also zu? Was brauchen wir also noch Zeugen? Er ist ein Gotteslästerer, ein Hochstapler und ein Aufrührer! Darauf steht die Todesstrafe! Bringen wir ihn also vor Pilatus", befand der höchste Priester.

Pilatus war der römische Statthalter in Jerusalem, ohne seine Erlaubnis war kein Todesurteil gültig. Er hatte das letzte Wort. Aber Pilatus fürchtete, dass eine Verurteilung Jesu einen Volksaufstand zur Folge hätte. Die Stadt war zum Paschafest übervoll mit Menschen, zu viele für seine Armee. Darum dachte er: „Ein einzelner, schwacher Mann, der sich nicht wehrt und verteidigt. Kein Aufrührer. Der soll Sohn eines Gottes sein? Der neue König der Juden? Lächerlich! Ich kann ihn nicht für schuldig befinden, was immer die jüdischen Ankläger behaupten. Sollen die Leute entscheiden!"

Damals war es üblich, dass zum Paschafest ein Verurteilter begnadigt wurde. Pilatus veranlasste, dass ein gefährlicher Mörder aus dem Gefängnis geholt wurde. Die Leute der Stadt sollten nun entscheiden, ob Barrabas, der Mörder, oder Jesus freigelassen werden sollte.

Die Beamten und Hohepriester schickten eilig Menschen in die Menge vor dem Haus des Pilatus, die bezahlt wurden, damit sie für Barrabas stimmten. Als Pilatus hinaustrat und sagte: „Soll ich den Barrabas freigeben – oder Jesus?", schrien die Bezahlten: „Gib Barrabas frei! Jesus ist ein Betrüger, ein Scharlatan!"

Manche stimmten auch für Jesus, sahen aber die Blicke der Gegner Jesu und die Soldaten – da wurden sie kleinlaut und sagten lieber nichts. Sie fürchteten, dass auch sie verdächtigt würden, mit Jesus unter einer Decke zu stecken.

So fiel die Wahl der Menge also auf Barrabas. Pilatus war erstaunt – aber auch erleichtert. Wenn die Menschen es so wollten, dann konnte er das Todesurteil aussprechen, ohne dass es zu einem Aufstand kommen würde. Er ließ also Barrabas frei. Jesus aber erhielt sein Urteil: Er sollte gekreuzigt werden. So richtete man früher Menschen, man hängte sie an ein Holzkreuz und ließ sie so lange hängen, bis sie gestorben waren. Ein qualvoller, langer Tod.

Die Wachleute verspotteten Jesus.

„Aha, du also bist der neue König der Juden. Na, eure Majestät, wo ist denn eure Krone? Und euer Gewand ist auch sehr ärmlich. Was meint ihr, Kameraden, wollen wir den König nicht mal ordentlich anziehen?", johlten die Soldaten.

Sie banden Jesus eine Krone aus dornigen Zweigen und legten ihm einen alten Soldatenmantel um die Schultern. Dann verbeugten sie sich vor ihm und lachten und lachten, bis ihnen die Tränen kamen. Jesus ertrug den Spott wortlos. Dann musste er sich auf seinen letzten, schweren Weg machen. Die Soldaten luden ihm das Kreuz auf den Rücken. Jesus aber war schon so schwach, dass er darunter zusammenbrach. Ein Mann wurde zu Hilfe gerufen, er trug das Kreuz bis zur Hinrichtungsstätte Golgota. Dort kreuzigten sie ihn. Oben an das Kreuz hängte ein Soldat eine Tafel mit den Worten „Der König der Juden".

Einige Schaulustige sahen zu und riefen: „Wenn du Gottes Sohn bist – wo ist dein mächtiger Vater denn jetzt?
Warum befreit Gott dich nicht?"

Mit Jesus wurden zwei Verbrecher gekreuzigt, einer stimmte in den Spott mit ein: „Ja, wenn du so mächtig bist, dann rette dich. Und befreie uns gleich mit!"

Der andere fuhr ihn an: „Sei still. Du und ich bekommen unsere Strafe zu Recht. Jesus aber hat nichts Unrechtes getan!"

Jesus sagte: „Auch ihr seid von Gott geliebt, selbst wenn ihr schlimme Fehler begangen habt. Habt keine Angst, Gott wird auch euch gnädig sein!"

Der Himmel verfinsterte sich, und eine Dunkelheit kam mitten am Tag über das Land – drei Stunden blieb es finster. Jesus litt große Schmerzen. Mit letzter Kraft rief er: „Lieber Vater, ich lege mich in deine Hände!" Dann starb er.

Einige Stunden später durften seine Freundinnen und Freunde den toten Jesus vom Kreuz abnehmen und in Leinentücher wickeln. So bestatteten sie ihn in einem Grab, das in einen Felsen gehauen war – wie eine Höhle. Gemeinsam rollten sie einen mächtigen Stein vor den Eingang, um die Grabkammer zu verschließen. Viele blieben davor sitzen, weinten und klagten, trösteten einander und teilten ihre Trauer.

Am dritten Tag waren die Freundinnen und Freude schon nicht mehr am Grab. Einerseits waren sie erschöpft und niedergeschlagen durch die Ereignisse der letzten Tage – andererseits fürchteten sie, dass auch sie gefangen genommen und eingesperrt werden könnten. Sie waren in Jerusalem bei guten Leuten untergeschlüpft und versuchten, alles zu verarbeiten, was sie erlebt hatten.

Am Morgen des dritten Tages machten sich einige Frauen auf, um Jesu Grab zu besuchen. Sie wollten Jesus einen letzten Liebesdienst erweisen und seinen geschundenen Körper waschen und mit kostba-

178

rem Öl einreiben. Als sie am Grab ankamen, erschraken sie: Der Stein war vom Grab weggerollt worden. Weit und breit war aber niemand zu sehen. Ein wenig ängstlich schauten sie in die Grabhöhle – und ihnen stockte der Atem: Zwei Männer in weißen Gewändern standen vor ihnen, sie strahlten so hell, dass die ganze Höhle erleuchtet war. Von Jesus keine Spur.

„Wer seid ihr? Was habt ihr mit Jesus gemacht? Wo ist er?", riefen sie durcheinander.

„Ihr sucht den Lebendigen in einem Grab? Habt ihr nicht geglaubt, was er euch gesagt hat: Der Tod hat nicht das letzte Wort. Gott lässt niemanden im Tod zurück. Jeder Mensch wird auferstehen und bei Gott leben! Und Jesus ist der Beweis dafür, damit ihr es glauben könnt", sagten die Männer, die Engel waren.

Da rannten die Frauen hinaus und verbreiteten die frohe Botschaft. Sie liefen zurück zu den Freundinnen und Freunden und riefen: „Stellt euch vor, was wir gesehen haben: Jesus lebt! Er ist auferstanden von den Toten. Gott hat ihn auferweckt. Der Tod hat nicht das letzte Wort! Wir werden alle leben! Gott bewahrt uns vor der ewigen Nacht!"

Einige wollten sich daraufhin selbst ein Bild machen und liefen zum Grab. Manche konnten es aber auch einfach nicht glauben – selbst als Jesus eines Tages in ihrer Mitte auftauchte. Aber Jesus feierte mit ihnen das Abendmahl, wie er es am letzten gemeinsamen Abend getan hatte. Daran – und an den Wunden, die sein Körper trug – erkannten ihn alle. Es war ein Wunder! Eines von vielen, das sie in der Zeit mit Jesus erlebt hatten! Jesus war wahrhaftig auferstanden von den Toten!

Das Wunder des Pfingstfestes

Matthäus 28,16–20 / Markus 16,14–20 /
Lukas 24,36–53 / Johannes 20,19–23 /
Apostelgeschichte 1,9–11; 2,1–13

Jesus erschien noch eine ganze Zeit lang seinen Freundinnen und Freunden. Plötzlich war er da – wie aus dem Nichts. Und auch, wenn sie die Auferstehung nun mit den eigenen Augen sehen konnten, staunten sie doch jedes Mal wieder und fragten sich in der Stille: „Wie kann das sein? Träume ich? Was für ein Wunder geschieht hier?"

Ja, sie alle wurden Zeugen eines Wunders – und so etwas ist manchmal schwer zu begreifen, selbst wenn man mittendrin ist!

Einmal kam Jesus zu ihnen und sprach lange mit seinen Freundinnen und Freunden, machte ihnen Mut und erinnerte sie daran, dass sie einen Auftrag hatten.

Jesus sagte: „Ihr wisst, dass alles, was geschehen ist, einen Sinn hatte. Ihr seid nun diejenigen, die die Botschaft von Gottes Liebe weiter in die Welt tragen müssen. Erzählt von dem, was ihr erlebt und verstanden habt. Bringt Heilung und Versöhnung, Frieden und Achtsamkeit zu den Menschen. Erinnert euch an Zachäus – es gibt noch viele Menschen, die wie er den Mut zur Veränderung brauchen. Helft ihnen dabei. Erinnert euch an den Gelähmten – es gibt viele Menschen, die auf Heilung warten. Sagt den Menschen, dass sie das Leben schützen sollen. Erinnert euch an die vielen Geschichten, die ich euch von Gott erzählt habe. Erzählt sie weiter, damit Menschen Gott besser verstehen. Ich werde jetzt nicht mehr bei euch sein. Ich gehe nach Hause zu Gott, meinem Vater."

Als er das gesagt hatte, wurde er in die Weite des Himmels getragen – und war fort. Die Freundinnen und Freunde fühlten sich gestärkt durch seine Worte und waren doch traurig, dass Jesus nun endgültig von ihnen gegangen war.

Fünfzig Tage, nachdem Jesus auferstanden war, saßen seine Freundinnen und Freunde in einem Haus in Jerusalem. Sie fühlten sich verlassen und waren ängstlich. Jesus fehlte ihnen. Aber sie hatten immer noch sich und ihre Gemeinschaft, das tröstete sie. Sie erinnerten sich im Gespräch miteinander, was in den vergangenen Wochen und Monaten alles passiert war. Es war so wunderbar gewesen, mit Jesus gemeinsam so viel Gutes zu tun. Aber es waren auch Dinge geschehen, die ihnen Angst eingejagt hatten. Manches Erlebnis erschien ihnen im Rückblick einfach unglaublich. Darum dachten manche: „Wenn wir das Leuten erzählen, die es nicht selbst erlebt haben, werden wir sicher ausgelacht. Das glaubt uns doch niemand!

Vielleicht werden manche sogar böse mit uns und werfen mit Steinen. Wie sollen wir bloß all diese Dinge erzählen, damit man uns glaubt?"

Ja, es war alles so wunderbar gewesen – aber wie sollte es nun weitergehen? Jesus hatte ihnen aufgetragen, alles weiterzuerzählen, was sie mit ihm erlebt hatten und was er sie über Gott gelehrt hatte. Aber wie sollte das gehen? Die Menschen, die Jesus so sehr gehasst und umgebracht hatten, sie würden bestimmt auch Jesu Freundinnen und Freunde einsperren oder töten, wenn sie anfingen, Jesu Lehre zu verbreiten. So waren die Jünger hin- und hergerissen.

Auf der einen Seite wussten sie, was Jesus von ihnen erwartete. Auf der anderen Seite schien der Auftrag doch zu groß und gefährlich. Simon Petrus erinnerte alle daran, dass sie Jesus versprochen hatten, weiterzumachen. Damit war es ihnen wirklich ernst, viele aus der Runde waren mutig und zuversichtlich. Doch auch die Angst war spürbar. Würden sie ohne Jesus ihren Auftrag überhaupt erfüllen können? Müssten sie nun nicht dauernd auf der Flucht sein? Wovon sollten sie leben? Wohin sollten sie gehen? Vielleicht wäre es klüger, wieder als Fischer zu arbeiten und mit der Familie in Sicherheit am See Gennesaret zu leben.

In diese vielen Fragen hinein geschah wieder etwas Wunderbares: Die Freundinnen und Freunde hörten plötzlich ein Rauschen, als würde ein starker Wind durch die Bäume gehen. Das Rauschen wurde immer lauter, die Fenster und Türen des Hauses klapperten und flogen auf. Alle wunderten sich, fühlten aber keine Angst. Sie spürten: Gottes Geist wehte wie ein frischer Wind überall durchs Haus und durchströmte sogar sie selbst. Es war, als wären sie Kerzen, die entzündet wurden – Wärme und Licht ging von ihnen aus. Sie waren begeistert, und alle Zweifel verschwanden. Simon konnte plötzlich auch in der Sprache sprechen, die Menschen aus Ägypten sprachen – sie würden ihn verstehen, wenn er zu ihnen spräche. Johannes konn-te die Sprache der Menschen aus Mesopotamien verstehen und spre-chen. Alle Freundinnen und Freunde beherrschten mit einem Mal zu ihrer Muttersprache noch eine weitere Sprache – die der Römer, die der Libyer, die der Meder … Dies war aber keine Sprachverwirrung wie damals beim Turmbau zu Babel – im Gegenteil: Gott schenkte ihnen die Gabe, die Botschaft Jesu in alle Länder zu tragen. Erfreut

redeten sie nun in allen möglichen Sprache durcheinander, probierten staunend aus, was ihnen so überraschend geschenkt worden war. Es machte ihnen Freude, sie lachten und lagen sich in den Armen, jubelten und tanzten. All ihre Angst war verflogen, sie fühlten sich erfüllt von einem neuen Geist und neuem Mut.

Die Menschen, die sie sahen und hörten, schüttelten nur den Kopf: „Seht mal, die Leute da – sind das nicht Freundinnen und Freunde von diesem Jesus? Schrecklich, sie müssen verrückt geworden sein! Oder sind sie gar schon um diese Uhrzeit betrunken? Es ist doch noch früh am Tag! Unglaublich!"

Als Simon Petrus das hörte, erwiderte er: „Nein, niemand ist hier betrunken. Ein Wunder ist geschehen. Gott hat uns die Kraft gegeben, in anderen Sprachen zu sprechen. Nun können wir hinaus in alle Welt ziehen und den Völkern von Gott und Jesus erzählen. Der Geist Gottes ist in die Welt gekommen, es brechen neue Zeiten an! Und alle werden daran Teil haben, vor allem die Armen und die Sklaven. Der

Tod hat seine Macht verloren. Das Leben und die Liebe haben das letzte Wort! Alle können sich ändern, Krieg und Gewalt, Hunger und Ungerechtigkeit, Zerstörung und Gier, Lüge und Täuschung können wir beenden, damit wir alle gut miteinander leben können. Denn so will es Gott für alle Menschen, egal wo sie leben und welche Farbe ihre Haut hat. Ob sie klein oder groß sind, viel oder wenig können – wir alle sind Kinder Gottes, Teile der großen Gottesfamilie. Für jeden ist genug da, wenn wir teilen und Maß halten – niemand kommt zu kurz!"

Die ihm zugehört hatten, waren beeindruckt. Und so ging es den meisten Menschen, die etwas von Gott und der Geschichte Jesu hörten – überall in der Welt.